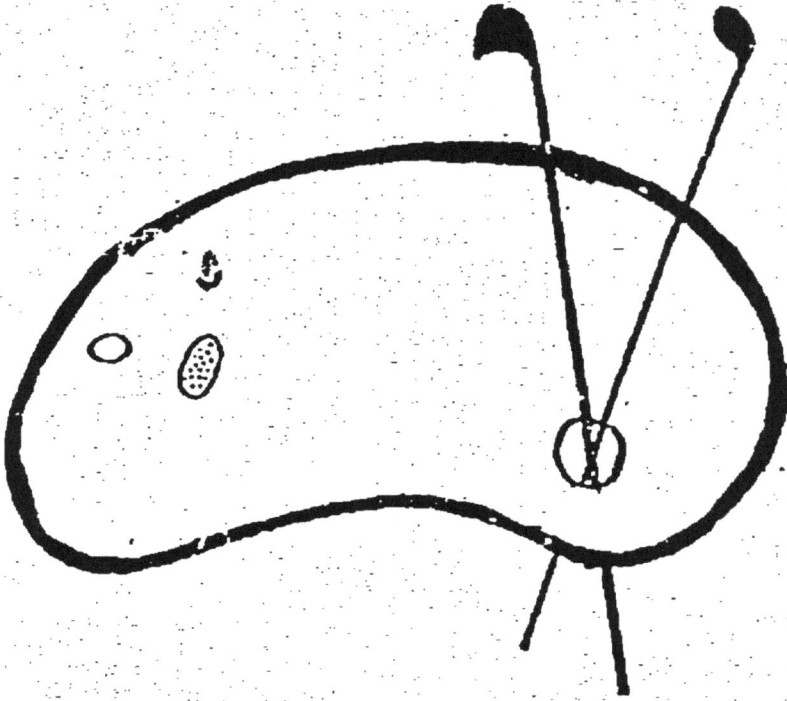

DEBUT D'UNE SERIE DE DOCUMENTS
EN COULEUR

L'INDIVIDUALISME

SON PRINCIPE ET SES CONSÉQUENCES

PAR

A. MAZEL

PASTEUR DE L'ÉGLISE RÉFORMÉE

QU'EST-CE QUE L'INDIVIDUALISME ?
« Le nominalisme, l'atomisme spirituel qui
ne voit de réalité que dans l'individu, opinion fondée sur les apparences sensibles et
sur une observation incomplète, mais qui
s'impose à nous au point de départ. »
Ch. Secrétan.

D'OU VIENT-IL ?
« Il ne nous appartient point de dire des
vérités prématurées. Nous ne les donnons
point à notre siècle : c'est notre siècle qui
nous les donne; » *ces prétendues vérités !*
Vinet.

QUE RENFERME-T-IL ?
« Latet anguis in herba. »
Dossier.

PARIS
Chez **GRASSART**, libraire-éditeur, rue de la Paix, 2

1882

Montauban. — Typographie E. CARRÈRE, Boulevard de la Citadelle

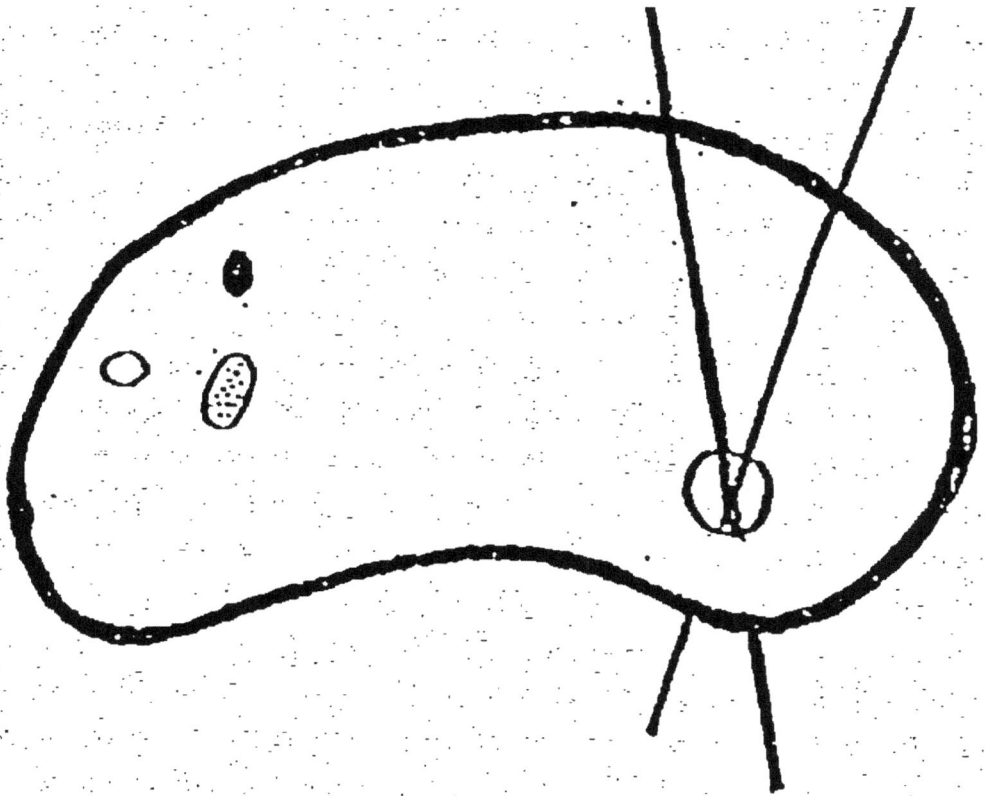

L'INDIVIDUALISME

SON PRINCIPE ET SES CONSÉQUENCES

MONTAUBAN. — IMPRIMERIE É. CARRÈRE, BOULEVARD DE LA CITADELLE

L'INDIVIDUALISME

SON PRINCIPE ET SES CONSÉQUENCES

PAR

A. MAZEL

PASTEUR DE L'ÉGLISE RÉFORMÉE

———

QU'EST-CE QUE L'INDIVIDUALISME ?
« Le nominalisme, l'atomisme spirituel qui
« ne voit de réalité que dans l'individu, opi-
« nion fondée sur les apparences sensibles et
« sur une observation incomplète, mais qui
« s'impose à nous au point de départ. »
                              CH. SECRÉTAN.

D'OÙ VIENT-IL ?
« Il ne nous appartient point de dire des
« vérités prématurées. Nous ne les donnons
« point à notre siècle : c'est notre siècle qui
« nous les donne ; » *ces prétendues vérités !*
                              VINET.

QUE RENFERME-T-IL ?
« Latet anguis in herba. »
                              DORYER.

———

PARIS
Chez **GRASSART**, libraire-éditeur, rue de la Paix, 2

———

1882

PRÉFACE

En octobre 1878, la Conférence nationale évangélique du Midi se réunissait à Ganges. Vu les circonstances ecclésiastiques, il s'y trouva, outre les laïques, près de cent pasteurs. Le sujet sur lequel devait être lu un rapport était l'*Individualisme*, choisi l'année précédente à l'assemblée de Montauban. Mais le rapporteur ayant, de son propre mouvement, changé ce sujet, celui-ci fut maintenu, et je fus chargé de le traiter. Le 22 octobre 1870 je lisais mon travail, ou plutôt une partie de mon travail aux Conférences de Valence, qui en demandèrent sur le champ l'impression dans la *Revue* de Théologie de Montauban. La première partie parut en effet dans cette publication, au n° 3, et la seconde au n° 4 de l'année 1880. Pour en bien montrer l'esprit, il importe de faire quelques citations. « Malgré sa sincérité (de l'individualisme dit chrétien), que nous proclamons bien haut, malgré sa piété et son mysticisme, il est exposé à de redoutables dangers, il subit de funestes tentations » (p. 233). « Il ne s'agit pas des personnes assurément » (p. 344). « Parfois Il (Vinet) veut reconstruire, il veut s'arracher à la force qui le subjugue et l'entraîne. Alors on l'écoute, on le suit avec bonheur, on l'admire sans cette tristesse qui étreint si souvent l'âme quand on contemple son œuvre négative » (p. 351). « Et pourtant Vinet a vu plus d'une fois le vrai, il a écrit de beaux passages que nous voudrions reproduire. » (p. 354). Quant à Vinet, voici ce que j'en disais : « Tous ceux qui ont en quelque mesure combattu Vinet, ont exprimé leur respect et leur vénération pour cet éminent chrétien et penseur. Nous partageons naturellement leurs sentiments. Mais nous croyons la vérité plus grande que lui, et plus digne d'amour. *Amicus Plato sed magis amica veritas.* Nous n'avons pas d'ailleurs à nous occuper directement de lui, à faire une étude sur sa personnalité. Nous avons à examiner en elles-mêmes et pour elles-mêmes les idées qu'il a exprimées, à en déterminer froidement la valeur » (p. 214). Enfin, après avoir cité le mot de l'illustre professeur de Berlin, *latet anguis in herba*, je finissais ainsi : « Mais nous ne voulons pas terminer sur ce mot plein de tristesse. Nos adversaires ont de généreuses ardeurs que nous nous plaisons à reconnaitre. Ils croient défendre ces choses bien chères à tout chrétien éclairé, particulièrement à tout cœur protestant : l'indépendance de l'esprit, le développement de la personnalité, la dignité morale. Rendons hommage encore une fois à la sincérité de leurs intentions et à l'élévation de leurs sentiments, tout en déplorant leur erreur quant aux moyens qu'ils emploient pour atteindre à ce but sacré, et leur attachement à un principe métaphysique qui compromet, au lieu de les sauvegarder, ces biens si précieux, inaliénables » (p. 371).

On le voit, impossible d'avoir un ton plus calme et de conduire une discussion avec plus de courtoisie. Les idées sont rigoureusement examinées et pesées : c'est un droit et un devoir, assurément. Mais j'avais eu pour les personnes dont je combattais le déplorable système, les plus grands égards. Or, comment ai-je été payé de retour ? En janvier 1880, M. de Pressensé me répondait par un débordement d'injures, cachant mal du reste le vide et l'impuissance de la pensée (1).

(1) M. de Pressensé étant tombé en récidive, infligeons-lui la punition qu'il mérite ; reproduisons cette déplorable diatribe. « Le dernier numéro de la *Revue théologique* de Montauban, contient le second article

Toutefois, n'étant pas abonné à la *Revue chrétienne* (et cela par principe), je l'ai ignoré longtemps, car mon irascible adversaire n'avait pas même eu la politesse de m'envoyer sa *Revue*, ou de m'avertir d'une manière quelconque. Pourtant ce triste échantillon de vilaine littérature me tomba un jour sous les yeux. Je pris tout de suite la plume et je rédigeai la protestation suivante, envoyée sans retard à cet écrivain :

Gorniès (Ganges, Hérault), le 5 avril 1882.

MONSIEUR,

Je viens à l'instant de lire l'entrefilet que vous me consacrez dans le numéro du 5 janvier 1881. En effet, celui-ci ne m'était pas encore tombé entre les mains. *Sit venia mihi !* Il m'a fait à la fois peine et plaisir : peine, car il est bien affligeant de voir de tels accès d'injuste colère chez un écrivain qui veut faire honorer le christianisme, plaisir, car la violence même de votre langage, qui contraste tristement avec le ton ferme mais très calme de mon étude sur l'*Individualisme*, dans la *Revue de Montauban*, l'inconvenance de votre invective, digne de l'*Univers*, me montrent combien j'ai touché juste, et m'affermiraient dans mes convictions, si j'en avais besoin. On ne se fâche pas

de M. Mazel sur l'individualisme. Nous y reviendrons à loisir, mais il nous est impossible de ne pas déclarer dès maintenant que l'exposé qui nous y est fait des théories morales et religieuses de Vinet est une vraie caricature. Le mot n'est pas trop fort. On ne saurait pousser plus loin le parti pris exclusif et l'incapacité d'embrasser un système dans la totalité de ses éléments et avec ses tempéraments. Nous savons bien que ce parti pris est inconscient, et par conséquent innocent, mais la patience échappe devant de pareilles accusations. Le grand penseur chrétien devient à la fois l'ennemi de la famille, le destructeur de l'ordre dans l'Église et dans l'État, l'inspirateur de toutes les négations dangereuses. Il faut voir de quelle hauteur intellectuelle tombent des jugements si durs et si mal motivés. Rien n'égale l'injustice de ce critique impitoyable à l'égard des idées d'autrui, sinon la confusion de ses propres idées. »

ainsi quand on n'a pas, sans vouloir s'en rendre compte, le secret
sentiment d'être dans son tort, quand on ne sent pas le sol manquer
sous ses pieds. On ne s'irrite pas ainsi contre « *une vraie caricature.* »

Du reste vos injures, si elles m'atteignaient, en atteindraient bien
d'autres. Je n'en nommerai que deux, théologiens de grande valeur,
point rhéteurs, qui laisseront des traces durables et bénies dans le
domaine de la pensée religieuse : *Martensen* (dont je n'ai point parlé),
qui accuse Vinet de *radicalisme vulgaire*, et *Dorner* qui, à propos des
systèmes de Vinet et de Schleiermacher, a fait entendre à la chré-
tienté, dont les représentants étaient réunis à Genève, ce solennel
avertissement : *Latet anguis in herba.* C'est sur le rapport de l'illustre
professeur de Berlin que je me suis presque constamment appuyé, et
j'ai été heureux d'invoquer son autorité.

Quant à me réfuter, je vous en défie bien. Vous ne me répondrez
pas. Entendons-nous bien. Il vous serait facile d'entasser des volumes contre moi, si j'en valais la peine. Mais ce que vous ne ferez
pas, et qui est plus difficile que de faire des volumes avec des phrases
plus ou moins retentissantes, des expressions plus ou moins émou-
vantes, c'est d'avancer de bonnes et solides raisons, de mettre en jeu
des idées fermes au moyen d'une logique rigoureuse.

Je dois exiger que cette protestation soit insérée dans le prochain
numéro de votre *Revue*, et j'espère bien n'avoir pas à insister. Elle
suffira pour mettre en garde, contre de fausses appréciations, les
esprits sérieux et sans prévention (il s'en trouve assurément) qui ne
s'imaginent pas qu'un homme a nécessairement tort parce qu'il
n'habite pas Paris et ne rédige pas une Revue, et qu'il doit dépouiller
toute dignité devant ceux qui ont ce double avantage.

De grâce, vous qui parlez tant d'individualité à respecter, ne *perdez
pas patience*, comme vous avouez faire en présence de la mienne,
surtout lorsque je vous ai combattu avec une politesse irréprochable;
ou bien oubliez-la sans l'outrager. Ne laissez pas croire que les *individualistes* sont des gens qui ne peuvent souffrir d'autre individualité
que la leur.

Je dois ajouter que mon rapport, lu en grande partie aux conférences de Valence, a paru très sérieux, approfondi ou profond (je n'ai
pas les textes sous les yeux), *scientifique*, comme l'ont constaté nos
divers journaux.

Je vous salue,

A. MAZEL, Pasteur.

M. de Pressensé refusa l'insertion, disant que j'étais
d'une révoltante injustice pour Vinet. « Il ne me convient

pas, disait-il, de le laisser traiter de la sorte dans ma
Revue. » Il m'insinuait finement de faire paraître ma protestation dans d'autres publications périodiques. Il m'offrait
de reconnaître qu'il avait été trop vif dans la forme. Mais
je ne me suis pas laissé prendre à ses finesses, et je n'ai
pas du tout accepté ces satisfactions dérisoires. Je lui fis
observer que reconnaître qu'il avait été trop vif *dans la*
forme, c'était affirmer qu'il avait raison dans le fond, c'est-
à-dire renouveler et aggraver ses injures. Je lui reprochai
à lui-même d'être d'une révoltante injustice pour moi. En
effet, il prétendait m'outrager tout à son aise, et en même
temps me fermer la bouche et m'empêcher de me plaindre.
Bref, dans la correspondance échangée, je ne sacrifiai point
ma dignité, comme c'était mon devoir, et j'invoquai fermement la loi pour maintenir mon droit de réponse. Enfin
mon peu aimable adversaire céda, et dans le numéro de
juin 1882 de la *Revue chrétienne*, il inséra ma protestation
en la faisant précéder de cet entrefilet plein de fiel, qui ne
donne pas une haute idée du sérieux et de la délicatesse de
ses sentiments :

« Au mois de janvier 1881 nous avions relevé, non sans
sévérité, une appréciation de M. le pasteur Mazel, sur l'individualisme en général et sur Vinet en particulier, qui
dépassait toute mesure, à notre sens, comme confusion
d'idées et injustice. Cette appréciation faisait partie d'un
rapport lu à la conférence pastorale de Valence. Si les personnes étaient ménagées, les opinions étaient travesties de
telle façon que Vinet était présenté comme sapant par voie
de conséquences, la religion, l'État, la famille. Nous nous
contentâmes de rappeler, — trop ironiquement j'en con-
viens, — la distance qui séparait ce juge impitoyable du
grand esprit qu'il critiquait sans le comprendre. Inutile de
dire qu'il n'y avait aucun outrage contre sa personne dans
cet entrefilet où nous ne visions que le polémiste. Néan-
moins quand, quinze mois après notre brève réplique à
M. Mazel, nous reçûmes de lui la réponse que l'on lira,

nous lui offrîmes de mentionner sa protestation et de reconnaître que le ton de notre polémique avait été trop vif. C'est toute la satisfaction raisonnable que nous pussions lui offrir. Il ne s'en est pas contenté : s'appuyant sur la loi, il a exigé l'insertion de sa réponse. Nous nous exécutons, ou plutôt, nous le laissons s'exécuter lui-même par cette publication, car elle ne peut nuire qu'à son auteur, et nous le regrettons franchement. Dans la lettre particulière où il insiste sur son désir, il nous impute bien gratuitement tous les désagréments qui lui sont survenus depuis dix-huit mois dans les polémiques qu'il a soutenues. Avec un tempérament si susceptible, on reste chez soi à ruminer ses propres idées sans attaquer les autres. Quant à nous, nous l'y laisserons désormais dans la paix la plus profonde. Il pourra à son aise dénaturer l'individualisme, célébrer les beautés du nationalisme religieux, et énumérer les admirables fruits qu'il porte partout sous nos yeux en Europe. Sa prose sera pour nous comme les odes de feu Lefranc de Pompignan ; sacrée elle sera, car nous n'y toucherons plus. On nous comprendra après avoir lu la lettre suivante. »

On le voit, après tout ce temps, M. de Pressensé n'est pas revenu à résipiscence. En tâchant de varier le ton, il s'est rendu de nouveau coupable d'amères invectives, de grossiers outrages, absolument injustes; et, remarquons-le, s'ils avaient quelque portée, ceux-ci atteindraient, non-seulement moi, mais encore la Conférence de Ganges, qui m'a chargé du rapport, la Conférence de Valence, qui a désiré le voir imprimé et, de plus, les professeurs de Montauban, qui l'ont inséré. Il se croit tout permis. A-t-il tout à fait tort?

« Cela suinte la mauvaise humeur et le dépit, » me disait quelqu'un de sage et sans prévention. Effectivement ce qui fait que M. de Pressensé crie à la confusion d'idées et à l'injustice, c'est précisément la lucidité de mon exposition, la rigueur et la simplicité de ma logique faisant éclater le caractère superficiel, faux et dangereux de son système.

C'est la force de mon argumentation qui l'a irrité et troublé; car c'est chez lui que se trouve confusion et injustice. Il n'a pu contester aucune des nombreuses citations accablantes que j'ai faites ou simplement indiquées; il n'a essayé de s'attaquer à aucune des inductions ou déductions dont j'ai établi la chaîne serrée. Dans son embarras il n'avait qu'une ressource : l'outrage. Il s'y est jeté à corps perdu, c'est-à-dire à cœur perdu. Et son trouble est tel qu'après avoir accumulé contre moi les plus amères injures et les plus personnelles, en évitant à peine les gros mots, il a l'audace de venir déclarer : « Inutile de dire qu'il n'y avait aucun outrage contre sa personne. »

Du temps de Pascal, ses adversaires trouvaient plus facilement des moines que des raisons contre lui ou ses amis. Aujourd'hui les moines ne votent plus, ou leurs votes ne sont point de conséquence. Toutefois, si les moines sont usés, les défenseurs des mauvaises causes ont toujours la vieille ressource des injures. Mais franchement nous avions l'illusion de croire que notre adversaire n'en était pas là. Il fait pourtant un aveu qu'il est bon de recueillir. Dans notre rapport, « les personnes étaient ménagées », dit-il.

Relevons ce passage : « Il nous impute bien gratuitement tous les désagréments qui lui sont survenus depuis dix-huit mois dans les polémiques qu'il a soutenues. » Ceci est d'une habileté peu scrupuleuse, en particulier le mot *tous*, ingénieusement trouvé par lui. Le fait est que, à propos de polémiques, je n'ai pu parler et je n'ai parlé que d'une seule : celle que j'ai soutenue avec le journal l'*Eglise libre*. J'ai rappelé les ignobles attaques dont j'ai été l'objet de la part de cette feuille, pour avoir défendu la simple notion du ministère évangélique, honteusement méconnue et insultée par elle. J'ai exprimé dans une de mes lettres, mais avec réserve, la pensée qu'elle avait suivi le mauvais exemple de la *Revue chrétienne*. Je pourrais citer le passage. Mais c'est assez, je pense, pour montrer ce que l'on sait déjà, qu'il ne faut pas demander l'exactitude à M. de

Pressensé, accoutumé à traiter toutes choses comme il traite l'histoire.

Ah! pour le coup, il me fait un sensible plaisir lorsqu'il déclare qu'il ne s'occupera plus de moi. (Je laisse de côté la forme toujours grossièrement inconvenante.) Il est assurément toujours désagréable d'être injurié, fût-ce par le dernier des hommes. Or, M. de Pressensé n'ayant pas d'autres armes contre moi que l'injure, je serai fort satisfait de n'y être plus exposé. C'est un vrai soulagement. Mais lui ne l'entend pas sans doute ainsi, ou je m'abuse fort. Il me rappelle un poète qui, s'inspirant de la sublimité des prophètes, dit aux riches sans cœur, je crois :

> La face du Seigneur se détourne de vous.

Lui aussi, semble m'annoncer un malheur semblable :

> Ma face, malheureux ! se détourne de vous.

Évidemment je n'ai plus qu'à me cacher, à rentrer dans la poudre ou le néant. L'univers entier m'abandonne. C'est bel et bien une excommunication. Ainsi me voilà dûment foudroyé.

Du reste, qu'on ne s'y trompe pas : il y a là-dedans une finesse qui n'est pas petite. « Nous y reviendrons, » avait-il dit, non sans hauteur. Mais comment tenir sa promesse? Comment, au fait et au prendre, s'attaquer à ce clair exposé, fait avec les paroles mêmes de Vinet, appuyé par de nombreux textes, rendu encore plus lumineux par une logique *impitoyable*, comme doit l'être toute bonne logique, qui ne se laisse pas détourner de sa droite voie par des raisons de sentiment. Le talent tout oratoire de notre auteur était ici inutile. Pompeuses périodes, apostrophes véhémentes, phrases sonores, tout cela n'aurait servi de rien dans une discussion serrée, avec un adversaire qui ne se paierait pas de mots, et qui aurait fait ressortir le vide et l'incohérence de la pensée, l'absence de solide raisonne-

ment. M. de Pressensé a bien eu le sentiment juste de la
situation, et, en homme d'esprit qu'il est, il a cherché son
refuge dans le dédain, un superbe dédain qui lui est du
reste parfaitement permis, pense-t-il, car il est grand sei-
gneur ecclésiastique, et tout lui est permis, ou à peu près.

Puisque nous y sommes, faisons une observation dont on
sentira facilement la justesse. Dans la *Revue chrétienne* on
le prend fort à l'aise avec le dogme chrétien. On peut y
traiter de haut saint Paul, par exemple, et faire ressortir
quantité d'erreurs qui seraient en lui, condamner ses prétendues faiblesses et ses égarements. On y parle couram-
ment de l'échec des Missions évangéliques et du magnifique
avenir de la propagande mahométane. (1) Quant à l'Eglise
réformée, il n'y a guère de numéro qui ne renferme quelque attaque contre elle, soit quelque trait rapide, soit
quelque entrefilet, soit quelque article. Et cependant M. de
Pressensé est le couronnement nécessaire de toute société
de missions en France ; les pasteurs et les laïques de l'Eglise
réformée, sans lesquels la *Revue* dite *chrétienne* tomberait,
continuent à la soutenir de leur argent et de leur influence ;
et le sectaire qui la rédige continue à se donner comme
l'oracle de nos affaires, à nous prodiguer ses dangereux
conseils. Chacun se courbe sous cette tyrannie et la fortifie.
Situation étrange au plus haut point, et qui ne peut se voir
que dans une époque troublée comme la nôtre. Certes, nous
ne pouvons prétendre à la changer, mais nous en déga-
geons absolument notre responsabilité. Nous revendiquons
les droits de la dignité, du simple bon sens et de la logique,
et nous y serons fidèle. Pour cela, notons-le bien, il ne

(1) Voir à ce sujet l'incroyable et stupéfiant article de M. Astié,
l'ardent individualiste, article contre lequel, croyons-nous, personne
n'a osé protester, au moins directement, quoiqu'il constitue un san-
glant outrage au christianisme (*Rev. chrét.*, mars 1881). Par moments
on a le droit de se demander si cette revue ne ferait pas bien de
changer de nom, et de s'appeler *Revue anti-chrétienne*.

s'agit pas du tout d'être ou de se croire un gros personnage ecclésiastique. Loin de là. C'est un devoir qui incombe à tous, aux plus humbles, à ceux qui occupent les positions les plus modestes comme aux autres.

On peut, dans cette *Revue*, porter atteinte à la pureté du dogme et toiser avec une pleine suffisance et arrogance des hommes comme saint Paul, disons-nous. Mais malheur au téméraire qui ose critiquer Vinet, étaler ses très dangereuses erreurs, montrer ses funestes égarements! Malheur au téméraire qui montre, en respectant même l'homme et sa sincérité, combien le penseur s'aveugle lui-même parfois et aveugle les autres, et les conduit aux abîmes! Malheur à qui ne se prosterne pas devant l'idole et ne la consulte pas avec crainte et tremblement! Malheur au profane qui conteste ses oracles divins, qui élève des doutes sur son infaillibilité! Il est foudroyé du coup. Il n'a qu'à périr ou bien à expier son audace par une pénitence terrible dans l'isolement et l'abandon, dans la plus cruelle détresse. Heureusement que ces foudres sont moins redoutables que celles de la papauté au moyen-âge.

Un mot encore sur ce sujet; et plaise au ciel qu'après avoir rempli notre devoir, quelque ennuyeux qu'il soit, nous n'ayons plus à y revenir! M. de Pressensé ne va pas chercher ses inspirations chez les écrivains sacrés; il les prend chez Voltaire. Oui, c'est sûr et indéniable : il s'essaie à grimacer son sourire, que Musset trouvait *hideux*; il s'exerce à son ricanement. Pour moi, je ne veux pas de ce patron-là, et je ne crois pas qu'il porte bonheur au représentant de l'individualisme sectaire.

Pour terminer, je reproduirai ce passage d'une lettre à M. de Pressensé : « Je persévèrerai dans la voie de saine et sainte liberté où je me suis engagé, et ni vous ni personne ne me ravirez mon indépendance et ma dignité. Je ne déclame pas sur ces choses-là, mais je les réalise et les pratique fermement, coûte que coûte.

« Je n'ai donc rien à regretter dans mon étude, qui a vraiment été jugée *scientifique*, et qui restera pour les hommes sérieux, car elle n'est pas faite avec des mots. Elle est irréfutable, car elle repose sur des idées sûres, des raisons solides. Elle va au fond des choses, elle tire au clair le principe et les conséquences de votre funeste système. Les déductions et inductions sont contrôlées par les faits. J'expose le système de Vinet avec une scrupuleuse fidélité et avec ses propres paroles; et, pour le réfuter, j'invoque volontiers des penseurs de mérite, surtout l'illustre Dorner, tellement qu'à Valence quelqu'un m'a reproché de ne pas parler assez moi-même. J'ai jugé ce système comme il faut le juger, avec le calme et la rigueur nécessaires à la science. »

L'INDIVIDUALISME

INTRODUCTION

C'est un sujet bien vaste que celui que j'ai le redoutable honneur d'introduire (1). Il faudrait un volume,
plusi_rs volumes pour le traiter d'une manière un peu
complète et sous toutes ses faces; et qui pourrait y suffire? Il touche à ce qu'il y a de plus profond dans
l'homme et soulève d'innombrables questions dans tous
les domaines. En effet il intéresse, non-seulement la
théologie, la morale, la philosophie, en général les sciences morales et spéculatives, mais aussi d'autres sciences
que l'on appelle positives ou exactes, quoique les premières ne reposent certes pas moins sur la certitude en
définitive. Il fait sentir son influence dans l'économie politique, et la médecine ne lui reste point fermée.

Nous ne pouvons dans un simple rapport, qui ne doit
pas dépasser des limites assez restreintes, aborder, sur le
terrain théologique, toutes les questions qui se présentent,

(1) Ce travail a été, en partie, lu comme *rapport* aux Conférences
nationales évangéliques du Midi réunies à Valence, le 22 octobre 1879.

et surtout les traiter d'une manière satisfaisante. Nous devons borner notre ambition à éclairer la route, à y planter quelques jalons, à montrer le point de départ et le point où nous devons arriver en évitant bien des dangers et des abîmes. Nous serions heureux si ce noble but était atteint en quelque mesure, et si nous pouvions faire partager des convictions toujours plus lumineuses et profondes.

Parlant de ce sujet avec des gens du monde, nous les avons vus s'inquiéter, pour ainsi dire, et protester, lorsque nous nous prononcions contre l'individualisme. Ils avaient cette vague appréhension qu'on allait leur ravir leur indépendance. Par là ils nous rappelaient le mot d'un malin observateur qui disait de quelqu'un au caractère un peu farouche : « Il est toujours sur les frontières de son être, pour voir si l'ennemi n'arrive pas. » Plus d'un croit de même qu'on va l'envahir et qu'on menace sa liberté, si on n'est pas en quelque mesure individualiste. Il y a donc là des malentendus qu'il faut dissiper. En conséquence nous procéderons avec une rigueur scientifique que nous nous efforcerons de rendre irréprochable. Nous définirons exactement les termes et nous suivrons une saine logique pour nos inductions et déductions. Notre méthode sera double. D'abord de certains principes posés par les individualistes nous déduirons les conséquences. Nous croyons en effet à la logique, et nous n'imaginons pas que Dieu nous l'ait donnée pour nous égarer. Elle est pour nous, suivant le mot de M. Schérer, le formel de la vérité. Aussi la vérité n'a pas à la redouter : au contraire, elle l'appelle. L'erreur seule doit la craindre, car la logique en étale et en multiplie la laideur. Nous ferons de l'à priori. Mais je me hâte d'ajouter : nous contrôlerons sans cesse nos résultats par les faits. A la pierre de touche de la réalité nous examinerons nos résultats *à posteriori*. Ainsi toutes les exigences seront satisfaites et, en quelque sorte surabondamment, car il n'est pas nécessaire, pour juger une idée, qu'elle porte absolument tous ses fruits dans la pratique, ou que ses adeptes en sentent, en avouent toute la portée. Une saine et profonde raison la juge en elle-même et perçoit à l'avance ce qui doit en sortir. Mais comme sur le terrain des idées l'évidence se voile facilement, et qu'on peut discuter sans fin, nous ferons parler, autant que possible, les individualistes eux-mêmes, noterons leurs aveux, leur laisserons tirer de leurs principes des conséquences que peut-être nous aurions hésité à tirer, et nous ne quitterons jamais le terrain des faits.

Après les bouleversements et les malheurs de la première république et du premier empire, la religion reprit sa place légitime dans les préoccupations des esprits. Le Réveil fit sentir sa bienheureuse influence sur les églises, notamment de France et de Suisse, alorsque la paix permit de se recueillir après de telles épreuves. Dans ce dernier pays, que le passé nous apprend à regarder comme une seconde patrie, s'élevèrent les plus vifs et les plus sérieux débats ecclésiastiques. C'est dans ces luttes dont le canton de Vaud surtout fut le théâtre, que naquit, croyons-nous, le mot d'individualisme. Il est né sans autorisation de l'Académie, par la force des choses, en sorte que tout le monde a dû s'en servir, pour ainsi dire, et qu'il fait apparition même dans les dictionnaires, par exemple celui de Littré. Vinet l'a assez souvent employé, et cela dans un sens tantôt favorable, tantôt défavorable (1). On peut dire qu'il l'a consacré, quoiqu'il en ait

(1) L'esprit d'A. Vin., 2, p. 224, 225, 220, etc.

été d'ordinaire importuné. Ses disciples ont fini par l'a-
dopter, quoiqu'ils en éprouvent de l'ennui. M. de Pressensé
l'a dernièrement accepté avec vaillance, mais non sans
hésitation préalable et malaise. — A propos de la Suisse,
nous croyons lui être redevables d'un autre mot politique
et religieux : *radicalisme*. C'est Genève qui nous vaut cet
accroissement de richesse philologique.

La crise religieuse et ecclésiastique a été compliquée en
France et en Suisse par des faits politiques, des révolu-
tions, celle de 1845 à Lausanne, de 1848 à Paris, dont le
contre-coup s'est fait profondément sentir dans l'Eglise.
Dans les deux pays le comte Agénor de Gasparin a déployé
une prodigieuse activité pour renverser l'état de choses
légué par le passé. Dans des volumes *(Christianisme et
Paganisme)*, dans d'innombrables articles, il a soutenu
avec une énergie étonnante cette thèse inouïe, que les
églises nationales, même avec la prédication fidèle de
l'Evangile, tiennent tout simplement du paganisme, et
doivent être sur le champ et à tout prix abolies ou trans-
formées. En 1842 déjà Vinet avait publié sa fameuse
brochure, couronnée à un concours : « *Essai sur la manifestation des convictions religieuses et sur la séparation de
l'Eglise et de l'Etat envisagée comme conséquence nécessaire
et comme garantie du principe.* » Sans mentionner en détail
tous les ouvrages ayant trait à cette discussion, comme
ceux de MM. Burnier, Ollivier, Bauty, signalons la brochure
de M. de Rougemont : « *Les individualistes et l'essai de M. le
professeur Vinet sur la libre manifestation des convictions
religieuses et sur la séparation de l'Eglise et de l'Etat* » (en
1844, Neuchâtel). En 1854, A. Curchod publia sous ce titre
« *Christianisme et Individualisme* » un travail très sérieux
et profond, mais trop long et abstrait pour être populaire.
Au synode de l'Eglise libre du Vigan, M. de Pressensé pro-

nonça un discours publié bientôt après (en 1858) sous ce titre : « *L'individualisme chrétien.* » Chose remarquable, la même année M. Colani faisait paraître la seconde édition de ses « *Sermons prêchés à Strasbourg,* » et il y insérait un discours sous ce même titre : « *L'individualisme chrétien.* » L'Alliance évangélique tint ses grandes assises à Genève en 1861, et M. Dorner, de Berlin, y lut un beau rapport sur cette question. Toutefois celle-ci n'occupait pas beaucoup les esprits en France. On n'avait guère alors envisagé en face et rigoureusement analysé l'idée nouvelle donnée par ses adeptes comme le grand remède à nos maux. Peut-être quelque obscur étudiant de Montauban l'étudiait-il, dans ses longues et patientes méditations, en en comprenant l'immense portée. Cependant la question n'était pas complètement mise de côté : des hommes indépendants et sérieux se mettaient de plus en plus à l'examiner. Ils demandaient ses titres à ce nouveau principe qu'on disait éblouissant de vérité et seul capable de régénérer le monde.

En 1869 M. le professeur Bois faisait de très grandes réserves dans ses conférences : « *Évangile et Liberté.* » La même année M. Naville de Genève donnait la seconde édition de son beau livre : « *Le Problème du Mal, 7 discours,* » où il renversait le système par les plus solides arguments. Mais ce qui a décidément attiré sur lui l'attention du public et déterminé un mouvement général de salutaire réaction, c'est la conversion de M. Bersier ; le mot ne nous semble pas trop fort. Il a eu le courage de rejeter des erreurs trop longtemps professées, mais devenues évidentes. Sa vaillante sincérité qui ne méritait que sympathie et respect, lui a valu pourtant les plus violentes attaques. En 1870 il publiait la seconde édition de son étude sur « *La solidarité;* » c'était un premier pas. En

1877 l'évolution est complète. Il prêche à l'Oratoire et publie son discours sous ce titre : « *L'Eglise,* » suivi bientôt de la brochure « *Mes actes et mes principes, Réponse aux attaques de M. G. F. Astié.* » M. de Pressensé n'a pas voulu rester sous le coup de cette argumentation solide et brillante, et il a essayé de répondre par la publication de deux discours : *La Question ecclésiastique en 1877, avec une préface et des notes explicatives.* » N'oublions pas de mentionner un homme dont l'importance ne peut que grandir, un penseur du plus grand mérite, dont les écrits, parfois un peu obscurs, mais originaux et profonds, renferment souvent la réfutation la plus frappante et décisive de l'individualisme, M. Charles Secrétan. Nous faisons d'ailleurs nos réserves sur de fâcheuses contradictions, et nous regrettons chez lui d'étranges écarts de pensée dans lesquels il porte de graves atteintes à la pureté des dogmes chrétiens.

Le mot d'*individualisme* est, croyons-nous, de ce siècle ; mais la chose qu'il représente vient de plus loin. Elle ne remonte pas pourtant à Luther, quoique M. de Pressensé veuille le croire, ni aux apôtres. Parmi ses ancêtres, M. Dorner nomme Néander et Schleiermacher ; Curchod remonte à J.-J. Rousseau et à Descartes. Mais nous sommes obligé de passer là-dessus sans nous y arrêter.

Tous ceux qui ont en quelque mesure combattu ou réfuté Vinet, ont exprimé leur respect et leur vénération pour cet éminent chrétien et penseur. Nous partageons naturellement leurs sentiments. Mais nous croyons la vérité plus grande que lui et plus digne d'amour. *Amicus Plato, sed magis amica veritas.* Nous n'avons pas d'ailleurs à nous occuper directement de lui, à faire une étude sur sa personnalité. Nous avons à examiner en elles-mêmes et pour elles-mêmes, les idées qu'il a exprimées, à en déterminer froidement la valeur. Nous avons à signaler les très graves et pernicieuses erreurs dans lesquelles sa piété et la haute portée de son esprit ne l'ont pas empêché de tomber. D'ailleurs il s'est fortement contredit, et il fournit souvent lui-même d'excellentes armes pour le réfuter. Cela n'empêche pas qu'en général il a pris une fausse direction ; et malgré ses puissants retours en arrière, il a marché dans la voie qui mène à la dissolution et à la ruine, égarant ceux qui l'ont suivi, séduits qu'ils étaient par la sincérité de ses convictions et la force de sa pensée.

Dans cette étude qui sera toujours faite avec calme, nous cherchons ardemment la lumière, en nous gardant de toute discussion passionnée. Pour arriver à quelque résultat sérieux et solide, nous devons soigneusement éviter les confusions et définir rigoureusement les termes.

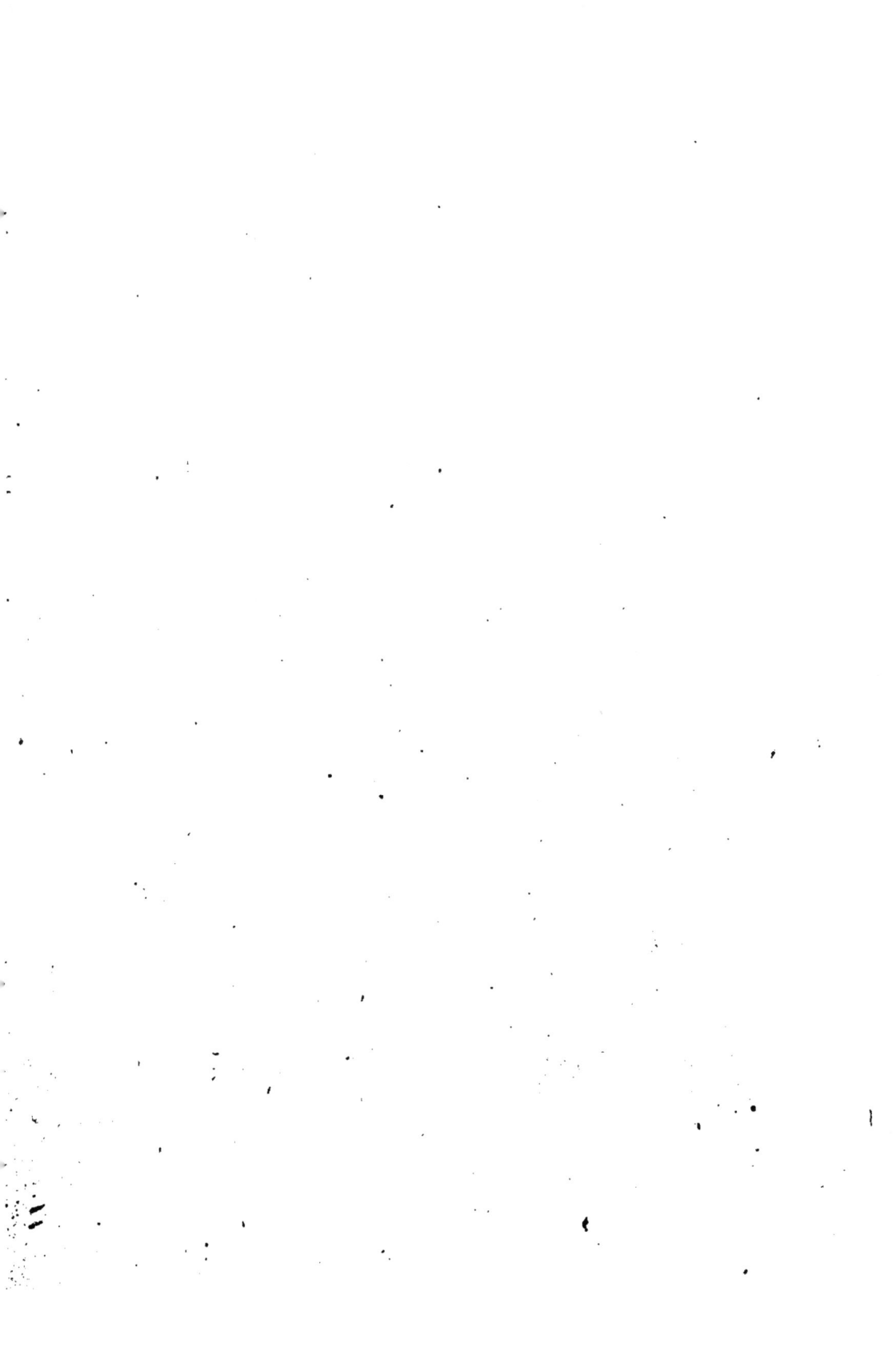

PREMIÈRE PARTIE

DÉFINITIONS. — EXACTE DÉTERMINATION DU PRINCIPE

Avant de définir le mot d'*individualisme* et celui d'*individualité*, il convient de se demander ce que c'est que l'*individu*. Voici ce que dit M. Dorner là-dessus : « C'est la *monade intelligente*, ou l'*unité humaine* de toutes les forces qui appartiennent à l'espèce entière; c'est le centre où toutes ses forces se réunissent en un sujet indivisible et l'organisent de telle manière qu'il conserve d'une part, les traits essentiels qui caractérisent l'humanité, et, d'autre part, qu'il porte ce qui fait de lui un être particulier » (1). Faisons quelques courtes réflexions à ce sujet. Le mot *individu* est matériellement emprunté à la langue latine où il signifie *indivisible*. Mais quelle grandiose application dans le français et les langues modernes ! Quel sens mystérieux et profond ! Cela ne veut pas dire, en effet, que l'homme ne peut se couper en deux parties ou davantage. Il n'est pas comme certains insectes qui, partagés en deux, ne meurent pas; mais, chaque partie recouvrant ce qui lui manque pour faire un animal complet, il

(1) *Conférences de Genève*, 1861, v. 2, p. 210.

se trouve par la force de la nature que deux êtres sont
venus d'un. Les anciens savaient aussi bien que nous, que
pas plus au moral qu'au physique, l'homme ne peut se partager, se dédoubler réellement et entièrement. Ils connais-
saient l'homme isolé et l'homme joint à ses pareils, c'est-
à-dire le pluriel, mais rien au-delà. L'épithète d'*indivisible*
leur aurait paru parfaitement oiseuse et même risible.
Elle le serait pleinement pour nous sans l'influence d'une
idée apportée par le christianisme. Cette idée peut être
plus ou moins claire ou obscure, nette ou vague, raison-
née ou instinctive; mais elle est dans notre esprit et
notre cœur et elle ne peut disparaître; elle fait définitive-
ment partie de notre richesse morale. Au souffle de la
religion venue d'en haut, bien des ombres se sont dissi-
pées, des faits non soupçonnés ou très mal saisis, ont
apparu, et l'on a vu ou senti que derrière l'homme, au
singulier, au-dessous ou au-dessus *des hommes* au pluriel, il y avait l'*humanité*. Après la venue du Fils de
l'homme, de l'homme-Dieu, on a dû inventer ce mot nouveau pour une vérité nouvelle. L'on a compris que l'humanité est une vaste unité, réelle comme unité et vivante
mais *divisible*, et qu'après toutes les collectivités ou unités
divisibles dont les principales sont l'espèce, la nation, la
famille, l'Église, on arrivait à une unité, qui n'était plus
divisible, l'homme tout isolé. Ainsi est né le mot *individu*
qui, à le bien considérer, à en bien saisir la portée, nous
révèle tout un ordre de vérités capitales à peu près incon-
nues de l'homme naturel, nous rappelle tout un monde
ignoré des payens et de ceux qui n'ont pas vu se lever sur
eux le soleil de justice. Il a fallu l'Être mystérieux et
sublime désigné dès le début par ce nom étrange de
postérité de la femme, pour nous communiquer la notion
de *collectivité*, pour nous montrer, dirions-nous volontiers,

la substance humaine dans ses vastes profondeurs. Ce n'est qu'après lui et sous son influence indirecte qu'on en est arrivé à cette définition de nos dictionnaires : « *Individu* se dit de chaque être organisé, par rapport à l'espèce à laquelle il appartient; » ou bien : « Tout corps considéré comme un tout distinct par rapport à l'espèce à laquelle il appartient. Echantillon d'une espèce quelconque... » Ainsi s'explique encore ce fait bien remarquable, que ce mot, dont on veut faire comme le plus haut titre de gloire, désigne facilement quelqu'un que l'on ne connaît pas, ou qu'on ne veut pas nommer, ou dont on parle en plaisantant ou avec mépris. Il est vrai que par contre le mot *espèce* (suivi de la préposition de) sert à déprécier les personnes. Cela nous rappelle deux vérités bien certaines et qu'il faut retenir également avec le plus grand soin : l'homme est individu et membre de l'espèce. S'il perd une de ces qualités, s'il ne garde pas avec vigilance ces deux sources de vie intactes, il déchoit et il se rend de moins en moins digne de considération. Voilà ce que d'instinct nous sentons et exprimons. La philosophie du langage nous éclaire dès le début.

Le mot *individu* rigoureusement analysé, pour qui sait constater tout ce qu'il implique, est donc déjà une réfutation presque suffisante de toute doctrine qui fait consister l'homme simplement dans l'individu. Il nous avertit, par sa nature même et son origine, de ne pas nier ces unités collectives de plus en plus compréhensives qui se superposent en quelque sorte, se soutiennent et s'harmonisent dans un majestueux ensemble ; et celui-ci embrasse tout, et il est nécessaire à tout. Ainsi dans une pyramide, il y a les fortes assises de la base ; mais il y a aussi le sommet qui s'élève vers les cieux, et sans lequel les assises ne seraient que des pierres pour ainsi dire inutiles. Qu'on nous pardonne cette comparaison dont nous sentons toute l'insuffisance.

C'est bien le christianisme qui a jeté dans le monde cette idée générale d'humanité, et qui a fait trouver ce mot doux et profond (1). Et depuis lors l'une (l'idée) a réveillé

(1) Nous faisons hommage de l'idée d'humanité au christianisme, et nous disons qu'il a fait naître le mot. Ceci a besoin d'une explication sans laquelle notre assertion pourrait paraître inexacte. En effet, le mot *humanitas* existait en latin, mais avec un sens différent et une portée bien moindre. Il désignait, comme notre expression française, la bonté, la bienveillance envers le prochain ; ensuite la culture de l'esprit et ses effets : l'instruction, l'étude, l'application aux beaux-arts, tout ce qui polit et donne de la distinction ; ou bien encore simplement les manières élégantes, le bon ton, ou ce qui est réputé tel. Il est vrai que Sénèque paraît s'élever à une conception plus vaste et profonde : *homines quidem pereunt; ipsa humanitas permanet.* Mais il faut se rappeler que pour un Romain l'humanité ne pouvait guère être que l'ensemble des citoyens romains, traitant avec dédain tous les autres peuples ainsi que les esclaves, et les tenant pour des êtres inférieurs qu'on pouvait exploiter à merci. En outre, des exemples tirés de Sénèque ne nous paraissent pas bien décisifs ; car si ce philosophe n'a pas correspondu avec saint Paul, il nous est difficile de croire qu'il a absolument ignoré le christianisme et qu'il n'en a pas subi l'influence, dans quelque mesure, au point de vue intellectuel, pour ce qui est des idées morales. Quant à Tacite, il est incontestable qu'il a connu l'existence du christianisme. Mais dans son orgueil de payen, il l'a enveloppé du plus injuste mépris, sans daigner s'en enquérir. Il y est donc resté complètement étranger. Aussi est-il bien intéressant et utile de le consulter sur la valeur du mot en question. Or, voici un passage très significatif où il est employé dans un fort mauvais sens, ce qui nous montre combien il était nécessaire que le christianisme vînt l'ennoblir et comme le créer de nouveau. Il nous montre les Bretons se laissant aller à la séduction des vices de Rome, adoptant ses usages et ses mœurs, son luxe et ses plaisirs ; après quoi il ajoute : « Et cela, chez ces gens sans jugement s'appelait *humanité*, quand ce n'était qu'élément de servitude. »

une sympathie si vraie, impérissable, que l'autre (le mot)
est devenu nécessaire à tous. La pensée a désormais
besoin de cette grande affirmation et d'autres qui en
découlent; et c'est pour elles que les langues modernes
se sont pliées et façonnées, ce qui leur a donné un caractère bien marqué et tout nouveau. Ici nous sommes bien
de l'avis de M. Ch. Secrétan qui défend victorieusement le
réalisme du moyen-âge. Malgré bien des aberrations et
des ténèbres, cet âge, dans ce qu'il avait de pieux, de
réfléchi, maintenait par ce réalisme trop méconnu aujourd'hui, une grande vérité qui peut s'obscurcir pour
plusieurs, mais qui doit toujours reparaître vivifiante et
pure, car l'âme humaine ne peut s'en passer.

Après avoir dit un mot de l'*individu*, parlons de l'*individualité*. Demandons une définition à Vinet. Voici ce
qu'il nous dira : « L'individualité est cette combinaison
de qualités qui distingue un être entre tous ses semblables, et ne permet pas de le confondre avec aucun
d'eux. » (1) C'est l'élément de diversité qui se retrouve
partout dans les œuvres de Dieu, sans préjudice de
l'unité. Cette diversité subjective correspond à la diversité
objective, c'est-à-dire qu'il y a de nombreuses sphères où
s'exerce l'activité humaine, et que chacun est constitué
pour fournir une carrière dans l'une d'elles particulièrement. Il y a l'art, l'industrie, la science, l'enseignement,
les missions, la vie pratique et la contemplative et stu-
dieuse; et l'homme se sent appelé à prendre telle direction, et non une autre pour laquelle il n'est pas doué.
Evidemment tous ne sont pas nés pour toutes les positions

(Aujourd'hui on dirait volontiers *civilisation.)* Idque apud imperitos
humanitas vocabatur, quum pars servitutis esset (V. Agr. xxi).

(1) *Essais de philosophie morale et de morale religieuse*, p. 143. —
(*Espr. d'A. Vin.* par Astié, 2, p. 220.)

et fonctions. Il y a donc choix et partant exclusion. Mais
il y a pour tous la loi du bien à laquelle il faut obéir. Il
faut, non aller partout, ce serait impossible; mais partout où l'on va, il faut porter le divin flambeau, faire
resplendir la lumière, après s'en être pénétré. Cette loi
extérieure doit en effet devenir intérieure. En nous elle
transforme tout et frappe tout de son empreinte. Elle ne
crée pas ce monde intérieur, mais elle le soulève et
l'anime, et fait déployer au-dehors les forces qui gisent
en son sein.

Ainsi le devoir de chacun est de constater son individualité et de lui donner carrière. Il constate ce à quoi il
est propre, pour quelle sphère il est né. Puis, tant que
possible, en chaque sphère, qu'il cherche plus précisément ce qui répond à ses besoins et à ses aptitudes. Chaque individualité est et donne quelque chose de nouveau.
Tout en s'abstenant du mal, elle doit avoir une certaine
originalité, faire des expériences propres, goûter et faire
goûter d'une manière nouvelle la justice et la vérité, en
déployer les richesses, en montrer quelque face inconnue
ou peu vue, et enrichir ainsi le fonds commun. L'Individualité a ses devoirs multiples. Vis-à-vis d'elle-même, elle
doit, en s'éclairant des notions morales, se déployer et tendre à glorifier la vérité, à favoriser le bien général. Quant
aux autres individualités, elle doit les respecter, en
reconnaître le caractère, la supériorité partielle ou générale, les aider, les soutenir, en favoriser le libre jeu.
Mais chaque individualité doit aussi respecter la sphère
où elle vit et les lois qui la régissent. Qu'elle y apporte
un élément de force et de vie. Elle peut y laisser son
empreinte et y faire sentir une influence même durable.
Mais elle serait coupable d'y apporter le deuil et la
ruine.

Pour exprimer notre pensée et la rendre bien concrète, prenons les faits qui nous sont racontés au commencement de la Bible. L'homme, si bien doué par le créateur, avait quelque chose à faire. Il avait à *cultiver et à garder* le splendide jardin où il vivait. Nous aussi nous avons le domaine intérieur de notre âme à cultiver et à garder. Nous ne devons certes pas restreindre ce domaine, mais l'étendre au contraire, le rendre aussi productif, le faire aussi beau et aussi fertile que possible. Qu'il se remplisse de plus en plus de bons fruits; c'est-à-dire soyons riches en bonnes pensées, en bons sentiments et bonnes œuvres portant pleinement notre empreinte, mais toutes à la gloire de l'Auteur de tous les biens. D'après ces principes nous sommes amenés à blâmer cette supérieure de Port-Royal qui, constatant chez une jeune personne placée sous sa direction, d'heureux dons pour la poésie, lui dit : « Ma fille, il faut enfouir ce talent ; Dieu ne vous en demandera pas compte. » L'erreur est manifeste et bien regrettable, car Dieu n'accorde aucun don sans en demander compte, et l'enfouir est coupable et lâche, quoiqu'il y ait, dans ce cas que nous venons de citer, des circonstances atténuantes. Il n'y a de mutilations permises que celles qui sont impérieusement exigées par la loi morale, au point de vue de la sanctification.

M. Dorner montre que cette conception de l'individualité a exercé la plus heureuse influence sur différents domaines qui en ont été comme vivifiés, ainsi la dogmatique et la morale. L'Écriture-Sainte n'est plus un ramassis de choses incohérentes, de livres réunis presque au hasard ; c'est un organisme vivant où les différences de conception, de pensée, de style s'expliquent naturellement par les différences des temps, des lieux, des individualités, sans que l'unité essentielle soit détruite : au contraire, elle apparaît plus fraîche et brillante. Le plan de Dieu se montre dans son ensemble ; son œuvre se déroule dans ses diverses phases. Il fait l'éducation de l'humanité par des développements légitimés, rendus nécessaires par la connaissance de sa chute avec ses immenses effets, de ses besoins, de ses périls, de sa faiblesse. La révélation, qu'il faut voir, non-seulement dans les détails, mais dans l'ensemble, grandit et devient plus lumineuse à mesure que ceux qu'elle éclaire sont plus capables de l'accepter sans en être éblouis ou écrasés. Les forces et aptitudes de chaque homme, de chaque peuple, surtout du peuple élu, concourent à l'accomplissement du dessein de Dieu, et sont des instruments entre ses mains, au lieu d'être des obstacles devant lui. Les écrivains sacrés apparaissent comme les porteurs d'une vérité absolue, immuable ; mais ils apparaissent aussi avec leur caractère propre mis en relief, avec leur nature irrécusable. Et, chose admirable, la vérité qu'ils apportent sans altération, est bien toujours la vérité pure et parfaite qui ne perd rien à passer par leur individualité. Seulement elle devient humaine et accessible à tous. Et, d'un autre coté, cette vérité en passant par leur individualité, loin de la détruire, l'accentue, la vivifie, l'agrandit. Si les pêcheurs de Galilée étaient restés de simples ouvriers préoccupés surtout de gagner péniblement leur vie, ils se seraient confondus dans la foule de leurs compatriotes. Organes de la pensée divine, messagers de son amour, non-seulement ils ont été les instruments pour illuminer et vivifier le monde, mais leur nature a pris un magnifique essor, les traits de leur caractère se sont hautement dessinés, leur *individualité* s'est développée dans d'imposantes proportions, même à ne la considérer qu'au point de vue humain. Il est donc certain pour nous que l'action de Dieu, la vertu du Saint-

Esprit ne portent pas atteinte à l'individualité : bien au contraire, elles l'enrichissent et lui donnent de l'éclat.

Sur ce point, qu'on y fasse attention, nous dépassons Vinet. En effet, voici ce qu'il dit : « On peut se demander si l'individualité n'est pas une imperfection ; si l'harmonie parfaite de la partie avec l'ensemble n'effacerait pas l'individualité. » Il dit encore : « L'individualité n'est pas une imperfection, mais une des conditions attachées à l'imperfection de la nature humaine » (1). Pour nous, nous n'en croyons rien du tout. Nous sommes si contraire au système hégélien et à tout panthéisme, que loin d'être embarrassé de l'individualité, ou de la regarder comme impossible, ainsi qu'ils sont obligés de faire, nous la tenons pour un élément nécessaire et normal. Elle subsisterait sans le péché et n'a rien de commun avec l'imperfection, à moins que, par une confusion regrettable, on ne fasse ce dernier terme synonyme de créature. Ce n'est pas tout. Nous soutenons, contre Vinet, cette thèse que Jésus ne s'est pas passé d'une individualité très réelle et très complète. En effet sans elle il ne serait pas un individu, et s'il n'était pas *individu*, il ne serait pas le Sauveur de l'humanité, car le salut ne peut être opéré que par une volonté partant du sein de l'humanité, et cette volonté est nécessairement individuelle, ce qui d'ailleurs ne veut pas dire qu'elle reste telle. M. Dorner exprime bien nos sentiments lorsqu'il dit : « Toute âme est précieuse devant Dieu ; elle renferme et doit réaliser une pensée de Dieu ; chacune est un type original créé à l'image de Dieu, et non pas un simple exemplaire de l'espèce ; la perfection à laquelle nous sommes appelés, n'anéantira pas la particularité, mais

(1) *Essais de phil. mor.*, etc., p. 143. (*Esp, d'A. V.,* v. 2, 220.)

3

toute particularité, quoique muable et exposée à dégénérer
ici-bas, doit cependant être immortelle. Il est certain que
les individualités immortelles ne sont pas destinées à une
existence monadique, dans laquelle chacune devra se
suffire à elle-même ou se considérer comme un tout ;
mais chacune est voulue de Dieu comme une partie de
son royaume, comme un membre du corps de Christ :
chacune, par conséquent, est voulue en unité avec d'autres,
ainsi que l'apôtre l'a si magnifiquement exposé. » Il
cite à ce sujet I Cor. xii. Ailleurs il dit : « Christ seul
est l'individualité des individualités, l'individu central,
qui sait tirer du cœur de tous et former dans le cœur de
tous la vraie individualité qui rend chacun libre et heureux. Seul, il ne porte aucun dommage à cette particularité justifiée aux yeux de Dieu » (1).

Mais la particularité ou individualité n'est pas tout. Ce
n'est qu'un côté de la personnalité. Il y en a un autre non
moins important, et même fondamental. « C'est, dit
M. Dorner (2), tout ce qui, forces, facultés, destinée et
tâche communes, constitue dans notre être *l'homme* et
demeure indépendant de chacun. Cet élément universel
dans notre espèce, pas plus que l'élément universel de la
vérité qui lui correspond, ne doit se laisser entamer par
la particularité, pourvu qu'elle suive fidèlement la voie
divine qui lui a été tracée, car il est, autant qu'elle, une
chose sainte. Il arrive sans doute à l'existence sous le vête-
ment de formes diverses, mais toutes doivent le contenir
et toutes doivent composer la particularité, tandis que
l'identité est la base qu'il faut toujours respecter, et cela
précisément dans l'intérêt de la particularité. »

(1) *Conf. de Genève*, t. 2, p. 214 et 216.
(2) Ibid., p. 224.

Pour notre savant théologien, cette identité se compose de deux éléments; le *subjectif* ou formel et *l'objectif*. Par élément subjectif il entend les attributs qui caractérisent l'homme, en un mot les facultés. L'objectif est le contenu pour lequel ces facultés ont été organisées, comme ce contenu a été organisé pour elles, c'est-à-dire l'Evangile, la vérité chrétienne, qui est puissance et vie en Jésus-Christ. Cette vérité nous est d'abord extérieure et nous est donnée par la tradition.

Tout en acceptant d'une manière générale ces vues de l'éminent théologien, nous nous permettrons quelques observations. Ainsi nous croyons que par un certain côté les facultés de l'homme constituent en grande partie son individualité. Celle-ci ne repose pas sur la différence des facultés, puisqu'elles sont l'apanage plus ou moins de tous, mais sur leur manière d'être et de se manifester. Leurs *qualités*, dirions-nous, diffèrent; mais le fond est le même. Tout le monde est doué d'intelligence, de sentiment, de volonté; mais ces forces et lumières naturelles, ayant chez tous quelque chose de commun, ont une activité plus ou moins intense, des directions différentes, et produisent des fruits qui ne sont pas les mêmes. Ainsi tout le monde ne sent pas le beau, et ceux qui en ont le sentiment ne peuvent pas tous l'exprimer, et ceux qui l'expriment par des œuvres de mérite, ne le font pas de la même façon.

Ensuite la volonté nous paraît avoir une importance capitale, et nous ne la confondons pas avec le reste dans le domaine de l'identité; elle forme un domaine à part. C'est elle qui choisit et dirige en définitive. A travers tous les accidents et la variété infinie des faits, elle reste comme ce qui caractérise l'être au point de vue moral. Ce n'est pas, dans son fond intime, une simple faculté: c'est la base qui soutient les facultés, la source de la vie qui les

anime. Avec M. Secrétan, nous croyons qu'elle est la substance. Si elle donne la vie, elle peut aussi donner la mort ;
elle peut égarer et troubler, et que de fois elle le fait
dans notre misérable condition terrestre ! Les égarements
de la volonté et les troubles qu'ils produisent, expliquent
seuls, par exemple, que l'évidence et la certitude s'effa-
cent ou disparaissent justement là où elles sont le plus
nécessaires. Ainsi tout le monde admet que le tout est
plus grand que la partie, et les autres axiomes sur lesquels
reposent les sciences mathématiques. Nous sommes ici sur
le terrain de l'identité. Mais la même énergie et simplicité
d'affirmation ne se retrouve plus lorsqu'il s'agit de l'ordre
moral, des choses supérieures. La lumière qui éclaire tout
homme montre des vérités d'un ordre tout secondaire ;
mais celles bien plus importantes qui touchent à nos destinées éternelles, restent plus ou moins couvertes d'ombre
et de ténèbres. Cette lumière éclaire notre route dans les
circonstances ordinaires ; mais là où les périls augmen-
tent, où les malheurs deviennent infiniment plus faciles
et plus graves, elle se voile ou s'affaiblit. Ou, pour mieux
dire, elle reste la même, pure et parfaite, elle lance toujours ses rayons bienfaisants et vivifiants ; mais la volonté
s'est pervertie, et elle tend à tout pervertir en nous. Elle
soulève d'épaisses et lourdes vapeurs qui obscurcissent
tout.

Cette volonté, malgré ses égarements, nous ne voulons
pas la supprimer : bien loin de là. On ne doit ni la supprimer, ni la fausser, ni l'écraser. On doit l'éclairer,
la soutenir, la pousser à prendre la bonne direction, la
solliciter, mais toujours la respecter et laisser sa liberté
intacte. Elle est sacrée, en effet. Tout doit l'aider, la se-
conder ; rien n'a le droit de se substituer à elle. C'est là
un principe que Dieu a posé, et auquel il est absolument

fidèle ; et nous, nous n'avons qu'à faire de même. Que la
volonté soit donc pleinement libre. Qu'elle brise tout obstacle, qu'elle affirme toujours plus sa souveraineté. Qu'elle
conquière ainsi la vérité et la vie, amasse les grandes, les
vraies richesses, c'est-à-dire des convictions. Mais qu'elle
n'oublie pas que si elle est souveraine, il n'est pas contraire à cette souveraineté d'être secourue et soutenue.
Or Dieu qui l'a donnée, enfantée, cette volonté aujour-
d'hui troublée et pervertie par sa propre faute, Dieu
peut, et peut seul efficacement la relever, la vivifier, fé-
conder et bénir ses efforts, par les moyens directs ou indi-
rects trouvés par sa sagesse infinie.

Sans doute nous sommes calviniste, et nous ne répu-
dions rien du splendide héritage du grand réformateur.
Nous voulons affirmer avec lui la souveraineté de Dieu,
principe salutaire et fécond, vérité de la vérité, pour ainsi
dire. Mais avec M. Bois, nous voulons affirmer, sans préjudice de cela, la liberté de la créature, sa souveraineté
dépendante de la souveraineté absolue de Dieu, mais
réelle dans son caractère relatif. Comme l'honorable
doyen de Montauban, nous disons : « Il faut que Dieu
soit en l'homme par la volonté de l'homme, et tout ensemble par sa propre volonté » (1).

La personnalité qui réside essentiellement dans la
volonté libre, au moins idéalement, et qui constitue l'être
moral, est donc dans l'individualité qu'elle illumine,
réchauffe et féconde. Elle se prend même souvent pour
elle par une confusion facile et un abus de mots qui
s'explique, quoiqu'il soit regrettable. M. Dorner avait déjà
indiqué les deux sens. Il appelle *particularité (Eigenthüm-
lichkeit)* l'individualité, c'est-à-dire ce qui est opposé à

(1) *Evangile et Liberté*, p. 246. Voir à partir de la p. 236.

l'uniforme et à l'identique. Il appelle *subjectivité* ou *subjectivisme* ce qui fait qu'une personne, obéissant à une force intérieure, se développe dans la pensée, le sentiment, la volonté, et s'affirme en face de tout ce qui vient du dehors. Nous trouvons bien meilleur d'appeler cela *personnalité*. Or ces deux éléments nous sont chers. Nous les tenons pour nécessaires, et nous sommes prêts à les défendre énergiquement contre quiconque les attaquerait. Je n'insiste pas, car ces sentiments nous sont communs à tous, et je crois pouvoir affirmer que parmi nous il ne se trouverait personne pour y contredire.

En résumé nous avons trouvé par notre analyse, en l'homme individuel, *la diversité*, c'est-à-dire que chacun diffère de son semblable par ses dons et aptitudes, l'habileté de ses facultés à s'employer en tel ou tel sens, par suite de ses ressources intimes. Il y a aussi l'élément *d'identité*, grâce auquel nous devons tous recevoir la même vérité et sans altération. Par suite du péché, il y a eu là de grands malheurs, une ruine générale, une chute dont nous portons tous la trace profonde, dont nous sommes, pour ainsi dire, les exemplaires. Le mal est, en effet, chez tous, et il est le même par sa nature chez tous. Enfin nous prenons les facultés, non pas seulement à une grande profondeur, mais dans la substance même de notre âme, dans *la volonté*. C'est là ce qui fait *la personne*, ce qui constitue l'être moral, ce qui est le domaine premier de la liberté.

Après toutes les explications et définitions sur lesquelles nous avons dû nous appesantir un peu afin d'être rigoureux et exact, cherchons à déterminer ce qu'est *l'individualisme*. Prenons la méthode formelle en premier lieu, et consultons l'analogie du langage. La terminaison *isme* indique une tendance précise dominante dont la

direction est indiquée par le mot qui précède. Celui-ci
marque un principe souverain qui aspire à détruire ce
qui n'est pas lui, à se le subordonner tout au moins
d'une manière nette et énergique. Ainsi le *platonisme* sera
la prédominance bien marquée des idées de Platon, dans
un ensemble d'idées philosophiques; le *matérialisme* sera
l'affirmation de la seule matière comme réelle; le *christianisme* consistera dans l'importance absolue donnée aux
paroles et aux actes de Jésus-Christ. D'après cela l'*individualisme* sera caractérisé par l'importance suprême et
décisive donnée à l'individu. Les adeptes de cette doctrine
ne connaîtront en l'homme que l'individu. Ils nieront le
reste, le regarderont comme nul, ou accessoire, ou inutile,
ou même nuisible. Voyons si les faits justifieront notre
raisonnement qui nous paraît bien solide.

Interrogeons M. de Pressensé qui se plaint qu'on tra-
vestit son principe. Il distingue deux individualismes : le
vrai et le faux. « Le faux, dit-il (1), exalte l'individu
humain ; il en fait son idole. Il lui prêche l'isolement et
l'égoïsme. Il lui inspire l'idée funeste qu'il est son propre
but, et que sa destination est de vivre pour lui-même. »
Suit sa hideuse peinture. M. de Pressensé épuise son
éloquence contre lui. Puisse-t-il le pourfendre, l'écraser,
le foudroyer ! Ce sera bien fait assurément. Reste, d'après
lui, le vrai. Voici comment il s'exprime : « Le véritable
individualisme n'est pas simplement un appel fait à l'individualité, il comprend d'autres éléments, et il fait la part
très grande à l'élément d'autorité, au côté objectif du christianisme. Sous cette réserve, nous acceptons le mot d'individualisme, et si l'on entend par là une tendance qui, tout

(1) Voir *Rev. chrét.*, 1860, 1, 2, 3. — *La Question ecclésiastique* ;
p. 76.

en acceptant la vérité révélée, insiste sur la nécessité du développement de l'individualité dans la vie religieuse, nous disons hautement que cette tendance est la nôtre... » C'est la nôtre aussi certes, répliquerons-nous. Mais si M. de Pressensé exprime ici ses convictions à peu près comme nous le ferions nous-mêmes, d'où vient qu'il soit dans une Eglise séparatiste, et qu'il ait dirigé ses efforts contre l'Eglise réformée historique à laquelle nous tenons de toutes les forces de notre âme, en sorte que son œuvre ecclésiastique nous apparaisse comme une œuvre de destruction? Voilà un sujet d'étonnement. En effet, tout autant qu'à lui « la tendance opposée, qui veut étouffer l'individualité et l'absorber dans la communauté soit civile, soit ecclésiastique, nous paraît fausse et dangereuse au premier chef. » Nous aussi nous voulons ce qu'il énumère : « Solidarité, communauté morale, véritable multitudinisme. » Il ajoute : « L'individualisme évangélique réunit tous les avantages qu'on lui oppose » (1). Du moment qu'il nous serait prouvé que ce qu'avance cet auteur est vrai, nous serions le premier des individualistes : « Le véritable individualisme... commence par reconnaître que l'homme a une loi, une loi qui le régit et lui commande, car elle n'est pas la simple résultante de sa nature. Elle vient de plus haut; elle repose sur une volonté expresse de Dieu. Cette loi porte l'homme en dehors de lui, car elle a pour premier commandement le dévouement, le don de soi-même à Dieu et aux hommes. »

Nous pourrions citer encore. Mais il faut s'arrêter. Exprimons ici encore notre étonnement. En 1858, au Vigan, M. de Pressensé n'avait pas découvert tant de choses dans son individualisme. Il n'y avait pas encore

(1) La quest. ecclés., p. 84.

vu *la solidarité, la communauté morale*, le véritable *multitudinisme*, l'idée d'*une loi* qui pousse invinciblement l'homme
à se donner. Il se récrierait si on lui disait que les travaux
de M. Naville, le puissant mouvement qui s'est opéré dans
les esprits à la suite de l'évolution de M. Bersier, les redoutables attaques dont son principe favori a été l'objet de tout
côté, que tout cela lui a fait sentir en celui-ci d'immenses
lacunes. Mais comment interpréter autrement ces trouvail-
les tardives? Qu'il ait fait d'habiles et énergiques efforts
pour réparer des brèches grandissantes, échapper à des
coups cruels, cela se comprend bien. Nous ajouterons que
c'est naturel et légitime en quelque sorte, mais aussi que
c'est inutile. C'est trop tard. Dans notre conviction,
M. Bersier contre lequel il s'évertue, a pleinement raison :
L'individualisme « est un système qui voit essentiellement
en l'homme un individu, sans tenir compte du fait que
cet individu appartient à une espèce, par une solidarité
qu'il lui est impossible de renier et que le progrès ne
consiste nullement pour lui à s'affranchir de cette solidarité » (1). Toutes les déclamations les plus retentissantes
et les efforts les plus désespérés n'y font rien. Nous
allons du reste prouver par des faits éclatants et des textes
irrécusables que M. Bersier, loin de bâtir vraiment un
moulin à vent pour se donner le plaisir de le combattre,
comme le prétend témérairement son impuissant adversaire, a exprimé une grande et importante vérité.

M. de Pressensé ne nous donne pas une vraie définition.
C'est un plaidoyer très habile, mais ce n'est rien de plus.
La vivacité du langage, les effets de style ne dissimulent
pas la faiblesse des idées, pour qui réfléchit. En voici la
preuve. Il dit qu'il veut le développement normal de

(1) *Mes actes et mes principes*, par E. Bersier, p. 31.

l'individualité. Mais nous le voulons, nous aussi, et, pour le moins, aussi ardemment que lui. Cela ne peut ainsi servir de base à une discussion, car cela manque absolument de précision. Ce qui est ici indiqué, c'est un but à atteindre, auquel tout le monde tend chez nous. Mais ce qu'il importe de connaître, ce qu'il faut mettre en pleine lumière, c'est le moyen ou l'ensemble de moyens, car c'est ici qu'éclate la différence des points de vue. Il serait facile de rendre notre pensée parfaitement claire par des exemples. En voici deux. Le fameux naturaliste Linnée, étant encore jeune, se trouvait chez un jardinier qui soignait avec la plus grande sollicitude une plante rare et précieuse. Mais malgré ses soins assidus, malgré la chaleur dont il l'entourait, cette pauvre plante dépérissait visiblement. Linnée l'examina fort attentivement, et il se convainquit qu'elle était, non des climats chauds, mais des pays froids. Il l'entoura de glace. Quand le jardinier s'en aperçut, il fut tout troublé et plein de crainte pour la plante ; mais celle-ci se fortifia et prospéra. De même nous voulons tous rendre chaque individualité forte et riche. Seulement les individualistes, pour atteindre ce but, la soumettent à une grande chaleur qui lui fait mal, à notre sens, et finirait par la tuer. Nous voulons la rafraîchir, persuadés que ce régime lui convient mieux qu'une haute température dont les effets seraient funestes. De même la question se pose entre les ultramontains et nous. Quand ils disent : Nous voulons la religion libre, forte, respectée, car elle seule peut préserver les peuples de la corruption et de la ruine », que répondons-nous ? Vous avez raison ; mais si le but est bon, le principe louable, nécessaire, il importe de savoir quelle application vous en faites, quels moyens vous mettez en œuvre en faveur de la religion qui nous est indispensable à nous au

moins autant qu'à vous. Nous ajouterons : « Votre
manière de comprendre la religion est fausse et mauvaise,
et vos procédés la rendent, non-seulement inefficace,
mais nuisible et odieuse. » Donc l'amour de l'individualité vraie ne définit pas plus l'individualiste que l'amour
de la religion ne définit le croyant ultramontain.

Mais pour trouver le principe générateur, le caractère
distinctif de la tendance en question, interrogeons celui
que M. de Pressensé ne peut récuser, le Maître devant
lequel il s'incline avec admiration et respect, Vinet lui-
même. Voici ce qu'il dit : « La vraie religion… fonde au
centre même de l'individu un système de relations où Dieu
suffit à l'individu, et l'individu à Dieu. Aucun élément n'est pris au dehors. L'humanité, le monde, restent
hors de question. L'individu, par rapport à Dieu, est
tout un monde, comme Dieu lui-même est l'objet unique
de l'individu » (1). Pour le coup voilà qui est clair et
précis ; voilà qui est caractéristique. Nos inductions étaient
justes : l'individualisme, le grand principe invoqué si
souvent par Vinet, c'est bien celui qui affirme l'individu
à l'exclusion de tout le reste. Tout ce qui n'est pas individu, est très secondaire ou accessoire ; bien plus, c'est

(1) Vinet, *Essai sur la man.* etc., p. 15. Nous citons d'après la
première édition. Une note touchant la deuxième, paraissant attaquer
les éditeurs de celle-ci, M. Lutteroth nous a adressé une réclamation.
Il rappelle qu'elle a été fidèlement et soigneusement faite d'après les
indications formelles de l'auteur, en sorte qu'elle doit bien lui être
attribuée, quoique parue après sa mort. Nous nous sommes empressé
de reconnaître la justesse de cette observation. Nous n'hésitons pas
à rendre hommage à la parfaite loyauté des éditeurs. Seulement, nous
retiendrons ceci : la première édition est utile à consulter, car elle
exprime parfois d'une manière plus vive et, dirions-nous, plus naïve,
la pensée de Vinet. Du reste, l'important passage cité est le même
dans les deux.

faux et mauvais. Cette déclaration si lumineuse est d'une importance capitale. Ne la perdons pas de vue, quand même il nous serait prouvé qu'ailleurs Vinet a paru dire, a dit autre chose. Malgré ses hésitations et contradictions, voilà le grand principe d'où tout découle, comme nous verrons. C'est bien lui qui a dirigé ses pensées et sentiments, inspiré sa vie (1). Maintenant si l'on veut avoir l'avis de M. Ch. Secrétan, qui est le nôtre, le voici : C'est ici « *le nominalisme, l'atomisme spirituel qui ne voit de réalité que dans l'individu, opinion fondée sur les apparences sensibles et sur une observation incomplète, mais qui s'impose à nous au point de départ* » (2). Il ne sera pas sans intérêt non plus de rapporter ces paroles de M. Bois : « L'homme n'est pas tout entier dans l'individu ; il n'est complet que dans l'individu associé à la grande famille humaine » (3).

(1) C'est lui qui lui a fait écrire ce vers malheureux que nous ne voudrions pas avoir commis :

Tout seul avec soi-même, il ne cherche que soi.

Pour sentir le danger et la fausseté de pareilles dispositions, qu'on essaie d'appliquer à Jésus-Christ cette proposition, surtout peut-être la seconde partie. — Pourtant nous tenons à ajouter ceci, pour faire droit aux observations de M. Lutteroth : Ce vers est tiré d'une pièce composée en 1826, seize ans avant l'*Essai*. M. Rambert y a vu « le besoin d'être seul avec soi-même, afin d'être seul avec Dieu. » Sans doute il est juste de ne pas le détacher de l'ensemble de la pièce où il s'agit du cœur qui se cherche et se retrouve enfin, désirant vivement se reconnaître. Pourtant nous n'aimerions pas de nous exprimer ainsi. Le cœur ne doit jamais se chercher lui seul. Ne doit-il pas, au contraire, en s'éloignant du monde, toujours plus cependant porter en lui-même l'humanité, ce noble fardeau, comme dit Bossuet, et chercher Dieu? Du reste, si Vinet était là, nous tomberions d'accord peut-être, et sans doute il finirait par reconnaître que son expression est malheureuse.

(2) Secrétan, *Recherches sur la méthode*, p. 108.

(3) *Évangile et liberté*, par Ch. Bois, p. 47.

Vinet oppose assez souvent l'individualité à l'individualisme, ainsi dans cette pensée : « L'individualisme et l'individualité sont deux ennemis jurés ; le premier, obstacle
et négation de toute société ; la seconde, à qui la société
doit tout ce qu'elle a de saveur, de vie et de réalité. »
Cela n'est pas légitime et nous le condamnons au nom de
la logique. On ne peut pas joindre ou opposer des choses
d'ordre tout différent. Ainsi l'individualité est une manière
d'être de l'homme dans son ensemble ; l'individualisme
est une doctrine, une tendance, un être de raison aspirant
à transformer l'homme et la société. De même en bonne
logique, on ne peut pas opposer la matière au matérialisme, car elle est précisément son point d'appui ; seulement le matérialisme ne veut et n'affirme qu'elle, et
c'est là son tort.

Autre observation. Scientifiquement on ne peut
pas distinguer deux sortes d'individualismes, l'un qui
serait vrai, l'autre qui serait faux. Nous avons un principe métaphysique ayant un caractère absolu. Il faut,
si on l'accepte, l'appliquer pleinement. Sans doute, dans
la pratique, on peut arbitrairement en borner la portée,
restreindre les conséquences, en faire des applications
plus ou moins mitigées par la prudence, le bon sens, le
sentiment religieux ; et à ce compte il y aurait des individualismes à l'infini. Mais la logique ne doit pas connaître
ces atténuations plus ou moins heureuses ou habiles.
Elle veut que chaque principe se déploie dans sa plénitude et porte tous ses fruits. De même on ne peut pas
distinguer un vrai ou un faux matérialisme. Ce système
dans sa pleine vigueur affirme exclusivement la matière.
Quand il est adouci, mêlé d'éléments étrangers, inconsé-
quent, il admet autre chose que la matière, mais il le
soumet nécessairement et le subordonne à celle-ci. Nous

pourrions citer d'autres exemples. L'égoïsme affirme le moi comme seul légitime ou désirable. L'on sera égoïste toutes les fois que l'on voudra, tout simplement pour son intérêt ou son plaisir, s'assujettir autrui, serait-ce avec beaucoup de douceur. Mais on ne sera pas égoïste pour affirmer simplement le moi, comme ayant des droits et des devoirs. L'individualisme est donc l'affirmation exclusive de l'individu. Dans sa vraie et complète portée il nie tout ce qui n'est pas l'individu. Quand on le gêne et le restreint, il admet quelque chose en dehors de lui, il s'en accomode, mais à la condition expresse de lui laisser une place secondaire, un rang inférieur. L'individu règne avec une incontestable majesté, et se subordonne tout. De lui tout procède, à lui tout doit revenir.

Après avoir écrit ceci, nous avons eu la pensée de chercher quelle définition donne M. Littré. Or, chose remarquable, il en donne deux ; l'une énonce le principe dans sa rigueur logique ; l'autre le montre mitigé, mais toujours reconnaissable, justement comme nous venons de le faire : « En philos. Système d'isolement dans l'existence, l'opposé de l'esprit d'association. — Théorie qui fait prévaloir les droits de l'individu sur ceux de la société. »

Mais que fait-il en face de Dieu ? Parfois il le repousse nettement, et tombe dans l'athéisme, comme certains incrédules surtout peut-être allemands. D'autres fois il le façonne où l'invente à son gré, ou reste à son égard dans une certaine hésitation et indécision : Tel Jean-Jacques Rousseau dans son *Emile*. D'autres fois il admet et proclame le Dieu de l'Evangile et cherche bien sincèrement à le connaître et à le glorifier. Cet individualisme est chrétien, en ce sens qu'il admet le christianisme. Mais celui-ci est pour lui, en dépit de ses intentions, un élément étranger. Malgré sa sincérité que nous proclamons bien haut, malgré sa piété et son mysticisme, il est exposé à de redoutables dangers, il subit de funestes tentations. La logique, une secrète et implacable logique ne permet pas à l'erreur de rester dans l'ombre et inoffensive. Il faut qu'elle se développe et grandisse, qu'elle porte tous ses fruits de mort. Celui qui s'est livré à elle, malgré tous ses désirs et bons sentiments, se laisse fatalement entraîner par cette force funeste à laquelle il s'est livré. Nous verrons en effet Vinet lui-même, sous la magie de son système séducteur mais erroné, porter atteinte parfois à l'autorité de Dieu même.

SECONDE PARTIE

PREMIÈRE SECTION

CONSÉQUENCES NÉGATIVES DU SYSTÈME INDIVIDUALISTE

Si l'individu seul est légitime et réel, comme le prétend Vinet, la base de toute collectivité s'écroule. Sans doute on peut réunir des individus, et nous comprenons ce que nos adversaires peuvent répondre avec beaucoup de sincérité et d'une manière plausible. Mais ces unions ne peuvent avoir rien d'absolument solide et durable : et sous l'influence des passions, des sentiments, des idées, des circonstances, elles doivent, avec le temps, se dissoudre. Ce qui vient de l'individu, doit retourner à l'individu, car suivant un principe posé par M. Secrétan, et qui nous apparaît comme un axiome, on ne peut trouver au point d'arrivée que ce qui était, au moins en germe, au point de départ. Il qualifie avec raison de *stérile* « une conception qui, dès l'entrée, isole absolument les individus, et ne trouve plus ensuite aucun moyen de les rapprocher. Si l'on ne commence pas par

4

l'unité, il serait contraire à toute logique de finir par elle, puisque tout développement ne peut que réaliser l'essence du sujet qui se développe » (1). Les principes se développent sans doute, mais selon des lois qui sauvegardent leur nature intime, et ne leur permettent pas de l'altérer par des éléments étrangers. On comprend qu'une vaste unité organique enfante des unités moindres ; qu'elle donne ainsi lieu à des sphères de vie variées, portant toutefois un fond commun indestructible ; que ces unités inférieures, mais concentriques, pour ainsi dire, en lesquelles elle se divise sans se déchirer, mettent au jour ses virtualités, réalisent les puissances qui sont comme enfermées en elle ; qu'ensuite la vie, après s'être manifestée et affirmée par ces développements, remonte vers ses origines et reconstitue, avec de nouvelles ressources acquises, l'unité première devenue plus riche et plus féconde. Mais avec des individus ayant en eux-mêmes et par eux-mêmes une valeur absolue, quel ensemble stable peut-on établir ? L'individu mesure tout à sa petite taille, et tout ce qui le dépasse doit disparaître, ou, s'il subsiste encore, s'affaiblir et devenir mesquin. Voici comment Vinet s'exprime sur la doctrine réaliste que M. Secrétan regarde à juste titre comme essentielle, indispensable à la pensée philosophique chrétienne : « [Les idées] sont-elles des êtres ? Faut-il sous le titre de philosophie restaurer la plus décriée et la plus froide des mythologies, et devons-nous, hommes du XIXme siècle, donner des successeurs et des émules aux *réalistes* du XVme ? De telles questions ne semblent pas sérieuses » (2). Avec cette pré-

(1) Ch. Secrétan, *Recherches de la méthode*, etc., p. 112.

(2) Vinet, *Essais de phil. mor.* etc., p. 141. — Il ne faut pas confondre le réalisme spéculatif dont il s'agit ici, avec ce que de nos

tendue mythologie traitée avec un si complet dédain par
Vinet, s'évanouissent et l'humanité et la société et l'Etat
et la famille elle-même.

On dira peut-être que nous faisons de trop sombres
tableaux ; on invoquera l'amour comme nécessaire et
capable de tout édifier dans le système que nous combat-
tons. Mais, répondrons-nous, l'amour doit avoir une raison d'être, une source où il se vivifie. Sans cela, il sera
précaire, insuffisant, passager. Or, dans ce système (il ne
s'agit pas des personnes assurément), nous ne pouvons
découvrir cette fondamentale et nécessaire raison d'être.
Comment, en effet, sera-t-il soutenu, alimenté ? Comment
revêtira-t-il les caractères que nous rêvons pour lui ?
Nous ne le voyons pas. Je ne puis m'unir au prochain par
des liens sérieux et solides qu'à la condition qu'il ne se
suffira pas à lui-même, avec ou sans Dieu, et qu'il aura
réellement besoin de moi. Ce n'est pas un blasphème
certes ; nous ne faisons qu'exprimer la volonté expresse
de Dieu qui n'a pas trouvé bon que l'homme fût seul,
même alors qu'il était innocent et jouissait de sa présence.
Pour aimer un être qui n'est pas moi, il faut qu'en un
sens il soit moi, qu'il soit renfermé dans le moi agrandi
et sublime. Ce qui n'a avec moi qu'une ressemblance soit
extérieure, soit intérieure, ne peut m'inspirer un attachement profond, éternel. A notre point de vue seulement
s'explique ce fait immense, indéniable de la solidarité qui

jours on a appelé de ce nom dans le domaine des beaux-arts et de la
littérature. Au fond il n'y a rien de commun entre eux. En effet, le
premier affirme la féconde réalité d'un noble invisible, tandis que
l'autre nie ou dédaigne ce qui ne se voit pas, et s'attache à reproduire
les brutales réalités qui nous entourent, sans se laisser rebuter par ce
qu'elles ont de bas ou de repoussant parfois.

autrement apparaît comme la plus éclatante négation de la justice.

Voyons rapidement si nous n'avons pas tiré des déductions excessives, et parcourons à vol d'oiseau l'immense champ qui s'ouvre devant nous. Comment l'individualisme envisage-t-il l'humanité ? D'après Vinet elle n'est point immortelle. Elle est étrangère au monde moral ; elle n'a aucune responsabilité quelconque, elle n'a point de religion, point de Dieu. L'individu seul est réel et vivant, et c'est de lui seul que Dieu s'occupe. L'espèce ne peut être qu'une force brutale (1). Il y a dualité, et sur certains points, dualité irréductible entre l'homme et la société. Celle-ci, dans une longue comparaison qui devient une allégorie, est représentée comme pouvant nous engloutir, de même que l'océan engloutit le navire qu'il porte. Du reste, elle n'est pas un être, sinon l'homme n'en serait pas un. Elle ne doit pas se mêler de religion. Si elle est religieuse, l'individu ne l'est pas. Étant impersonnelle, elle n'est tenue à rien. Une société n'a ni convictions, ni principes, ni instincts (2).

Aussi n'est-il pas étonnant que Vinet ait de la méfiance, une sorte d'effroi pour elle, et qu'il rêve de la solitude des ermites. Il faut citer textuellement cette étrange apologie du monachisme : « Une seconde fois le christianisme sortit du camp, et alla se retremper au

(1) Vinet : *Du Socialisme considéré dans son principe,* p. 7, 9, 10, 20, etc. — *Essai sur la manif.,* etc., p. 15, 281, 288, etc. — *Essais de phil. mor.,* etc., p. 140, 151, 153, 163, 171, etc. — Voir *l'Individualisme considéré dans son principe* (thèse de Montauban, 1882), p. 17, 50, etc. — Astié, *l'Esprit d'Alex. Vinet,* t. II, p. 229, 236, 267, etc.

(2) *L'Esprit de Vinet,* t. I, p. 232, s., 242, 267, 270, s., etc. — Voir *l'Indiv. consid. dans son princ.* p. 27, 49, etc.

— 55 —

désert. Le monachisme fut une réaction du principe chrétien, un effort de la religion vers ses origines » (1). Du
reste ce passage n'est pas isolé. Çà et là, dans ses écrits,
se trahit cette aspiration à quitter la société, cette nostalgie de la solitude. *Au désert!* semble parfois être sa
devise : « C'est au désert que nos vœux poussent les
Églises; l'eau y jaillira pour elles du rocher, la manne
pour elles y tombera du ciel, et une foule d'Egyptiens les
y suivront non plus pour les détruire, mais pour se ranger, les uns de cœur, les autres extérieurement, sous les
lois du Moïse de l'Alliance nouvelle» (2). Il ne faut donc pas
être surpris que notre penseur, et rêveur, oserons-nous
dire, ait eu l'idée d'écrire la vie d'un saint romaniste, de
François de Salles, évêque et prince de Genève, dont la
naïveté, si nous l'étudions de près, ne nous paraît pas
illimitée. Il aurait été curieux de savoir comment il jugeait
Mme de Chantal qui, dédaigneuse de devoirs trop vulgaires, abandonna, pour employer le style de M. Astié,
renouvelé d'ancien temps, abandonna les oignons d'Egypte,
c'est-à-dire sa maison, sa famille, sa société, s'arracha
aux étreintes de ses enfants désespérés de son départ,
pour courir après le saint, et atteindre à une vertu
extraordinaire, à une vie supérieure. Au sujet du désert,
remarquons simplement en passant que les Israélites y
restèrent en punition de leurs rébellions et que jamais
Dieu ne les y fit retourner pour aucun motif. D'ailleurs
Jésus nous met en garde contre l'amour exagéré du
désert, car il nous représente celui-ci comme peuplé de
malins esprits (3). S'il cherchait parfois *la solitude*, c'était

(1) *Essai sur la manif.*, etc., p. 516. Voir *du Social.*, etc., p. 67, *s.*
L'Individ. consid. dans son principe, p. 40, 42.

(2) *L'Esprit d'Al. Vinet,* I, p. 389, 390.

(3) Matth., xii, 43; Luc, xi, 24.

pour prier et revenir ensuite tout fortifié au milieu des hommes, dans la société où régnaient les Hérodes et les Tibère.

Quant à *l'Etat*, il est dépouillé, pour Vinet, du caractère sacré que lui attribue si hautement saint Paul (Rom., XIII). Il ne peut pas, ne doit pas avoir de religion. C'est *le monde*, le domaine de *la nécessité*, de *la matière*, de *la chair* (1). c'est-à-dire quelque chose de bas et de vil. Comment ne pas le haïr et le mépriser quand on se dit, comme Vinet : « L'Etat est toujours un parti,..... il est toujours, il sera toujours le triomphe de plusieurs sur quelques-uns, de quelques-uns sur plusieurs » (2).

Que devient *l'Eglise ?* Ce n'est plus comme pour Calvin, *la mère des croyants* (3). Ce n'est plus ce vaste et merveilleux organisme, cette unité collective qui unit le chef aux membres, ce corps de Christ dont saint Paul parle si souvent, dans un langage ému et profond. Ce n'est plus que la juxtaposition d'unités individuelles complètes qui trouvent commode ou agréable de se rapprocher, mais qui peuvent, avec une parfaite facilité, se disjoindre sans dommage. Ce sont les croyants qui font l'Eglise. Celle-ci, toute volontaire et spontanée, se fait et se défait ainsi par eux, car les groupes se séparent et se reforment ailleurs. C'est une société non religieuse d'individus religieux. La religion, en effet, est individuelle, absolument individuelle. Elle ne peut point être collective. La chute est générique, mais la restauration purement individuelle (4).

(1) *L'Esprit d'Al. Vinet*, II, p. 267, 270, s. — *Essai sur la manif.*, etc., p. 213, 226, 278, 332.
(2) *Du Social.*, p. 10. — Voir *l'Indiv. cons. dans son princ.*, p. 50.
(3) Calv., *Institut. chrétienne*, IV, 1.
(4) *L'Esprit d'A. Vinet*, I, p. 96, 99; II, 229, 263, 267, 278, 392, etc. — Voir *l'Indiv. cons. dans son princ.*, p. 34, s.

L'Eglise n'étant plus considérée comme vie de l'espèce, comme unité collective vivante, son action doit s'effacer de plus en plus. Le vide se fait. Ce qui nous paraissait salutaire devient dangereux. Les secours deviennent des entraves, les soutiens des chaînes. Ce que nous tenions pour naturel, légitime, nécessaire devient illégitime et funeste. L'élément d'identité est ainsi condamné à disparaître. L'autre élément, l'individualité, doit d'autant plus se développer et prendre sa place : « Il y a secte, dit M. Dorner, ou esprit sectaire, partout où ce qui n'est que secondaire ou subordonné devient le centre et la mesure de la communauté ecclésiastique ; partout où les vérités fondamentales évangéliques, — vérités universelles et nécessaires à tous, — ne sont pas réellement placées à la base, partout où ce qui n'est que particulier, — comme tel bon à sa place, — se fait valoir comme universel, ou bien partout où ce qui est vraiment universel, c'est-à-dire ces vérités et ces faits fondamentaux, devient tellement des choses accessoires qu'on se permet, pour quelques différences de peu d'importance, de se séparer volontairement de l'Eglise. Alors, au lieu de porter les fardeaux et les souffrances du corps entier avec patience, amour et fidélité, on se détourne d'un pas léger de la communauté existante ; on se pose en juge vis-à-vis d'elle ; on prend pour mesure générale cet élément particulier, vers lequel se tournent les esprits de même culture en petit ou en grand nombre, et ainsi, pour le compte d'une individualité ou d'une méthode, on fait de la propagande afin de dissoudre l'Eglise » (1). Ce n'est point ce que dit Vinet, pour qui le christianisme est une secte, et le vrai chrétien, le chrétien spirituel un sectaire ; et

(1) *Confér. de Genève*, 2, p. 218.

qui, en bien des endroits, recommande chaudement les séparations et les sectes : « Il n'y a point de vie où il n'y a point de sectes; l'uniformité est le symptôme de la mort. » « Quand tout le monde serait dissident, personne ne le serait; et c'est précisément l'ordre de choses que nous réclamons » (1). « Cet *ordre* de choses, dit M. de Rougemont, serait l'idéal du *désordre*, et la théorie qui le réclame est celle de l'anarchie » (2).

Qu'on nous permette encore de citer ces lignes du savant et pieux Dorner dont on connaît l'esprit doux et modéré. « Le protestantisme, dit-il, éprouverait un immense dommage si nous continuions à nous pulvériser, sans crainte et sans souci, en séparations indéfinies. Chaque nouveau parti chrétien qui se forme est une nouvelle barrière à la vie chrétienne, sinon pour nous, du moins — vu la peccabilité de notre nature — pour la foule; chacun d'eux rend plus difficile l'action du bien qui est en dehors de lui et qui a le droit de s'introduire en lui aussi; chacun d'eux augmente la confusion du langage et des idées, paralyse les œuvres qui ne peuvent réussir que comme grandes œuvres communes et, en particulier, la théologie évangélique. Combien de fois de pareilles séparations n'entraînent-elles pas le déclin de l'humilité et de l'amour. Combien de fois, avec le regard qui devient étroit, la sagesse ne s'obscurcit-elle pas ! Alors peut-être le cœur est chaud pour ceux qui sont loin et qu'on ne voit pas, et l'on néglige le devoir prochain de l'amour à l'égard de la communauté qui le demande. On dirait ces familles qui parlent avec amour et avec le désir de revoir

(1) *Essai sur la manif.*, etc., p. 371, 373. — *L'Esprit d'Al. Vinet*, I, p. 287, etc.

(2) *Les Individual. et l'Essai*, par F. de Rougemont, p. 25.

ceux que la mort a emportés; mais aussi longtemps
qu'ils vivaient avec elles sur la terre, elles ne leur ont
pas témoigné l'amour qu'elles leur devaient » (1).

Rappelons seulement deux paroles qui résument nos
convictions et qui doivent inspirer notre conduite. Adolphe
Monod a dit qu'il ne faut sortir que chassé, et M. Dorner :
« De petites communautés peuvent être exemptes de
l'esprit de secte, être de vrais membres de l'Eglise de
Christ, si elles n'ont pas opéré, mais subi leur séparation » (2).

Puisque l'Etat est la manifestation oppressive d'une
collectivité dangereuse, et qu'il est le monde, la matière,
la chair ; puisque l'Eglise est l'esprit, la liberté, la
spontanéité, et qu'elle n'est collectivité que dans un
sens anodin qui ne gêne plus et n'effarouche plus, on
comprend qu'au point de vue individualiste, l'alliance,
l'union de ces deux choses si disparates soit une monstruosité, un malheur, une honte. Aussi quand notre
auteur touche à ce sujet, et il y revient très souvent,
il a comme des accès d'une colère étrange qui laisse
une impression pénible. C'est un torrent de paroles
acerbes et d'expressions violentes, telles qu'on en trouverait difficilement de plus fortes pour flétrir les attentats
les plus horribles. « Le plus grand crime de l'alliance est
d'avoir abaissé les caractères et faussé les idées en légali-
sant l'hypocrisie, et en mettant le mensonge à la base
des institutions. » C'est un mensonge, un péché, une
suggestion de la chair, un système corrupteur, un trait
de génie digne de celui en qui réside le génie du mal,
l'auxiliaire le plus redoutable de la dissimilation et du

(1) Confér. de Genève, 2, p. 218.
(2) Confér. de Genève, 2, p. 217.

mensonge, un sacrilége, ni plus ni moins qu'une *héré-sie* (1), etc. Voici un trait pour nous particulièrement, pasteurs de l'Eglise réformée, payés, l'on sait comme, par l'Etat. Ce salaire est un monopole odieux. Du reste, l'Eglise nationale n'est pas une Eglise. Leur crime (des Eglises d'Etat) est de nier tacitement la conscience et la religion. La séparation est un devoir absolu. C'est la découverte et la gloire de notre siècle qui, les yeux élevés au ciel, peut légitimement s'écrier, comme le géomètre de Syracuse : « Ευρηχα » (2). Il dit encore : « On parle beaucoup des services qu'ont rendus les Eglises nationales. Quoi ! Parce que sous cette forme de gouvernement l'Eglise ne sera pas morte absolument, parce que quelques rayons de l'antique foi, quelques étincelles de l'ancienne flamme auront continué à briller, parce que le fond aura été plus fort que la forme, incessamment occupée à l'éteindre et à l'étouffer, nous imputerons à ce système tout le bien qu'il n'a pu empêcher et nous le louerons de tout le mal qu'il n'a pas pu faire ! « Mais, dit-on, sous l'Eglise nationale, le pasteur a un troupeau tout trouvé, le troupeau est pourvu d'un pasteur avant de l'avoir demandé ! » Et comment ne voyez-vous pas que c'est là le mal précisément, et que vous feriez beaucoup mieux de laisser à ce troupeau le souci de trouver un pasteur, à ce pasteur le souci de se créer un troupeau? Ne savez vous pas voir qu'en matière de religion la spontanéité est le principe même de la vie, et que tout ce qui

(1) *L'Esprit d'A. Vinet*, II, p. 197, 236, 253, 265, 285, etc. — *Essai sur la manif.*, p. 202, 315, 306, 21, 232, 420, etc., etc. — *L'Indiv. cons. dans son princ.*, p. 39.

(2) *Essai sur la manif.*, p. 420, etc., etc. — *L'Esprit d'A. Vinet*, II, p. 255, 258, 265.

est ôté à l'une est nécessairement enlevé à l'autre » (1)?
D'après cela doit-on tant s'inquiéter des places vacantes !
Ne doit-on pas au contraire féliciter les troupeaux sans
pasteur, ainsi que les protestants disséminés, comme
étant exempts du *mal* signalé avec tant de force par le
chef des individualistes ?

Que de ruines ! Il y a pourtant dans le monde collectif
une sphère qui subsistera ; c'est la famille. Quand tout
croule, elle nous restera comme un abri sûr et respecté !
Eh bien, non ; elle aussi sera atteinte, et ce refuge nous
est ravi. La logique en demande le sacrifice, et Vinet ne
le refuse pas. Parfois il veut reconstruire, il veut s'arracher
à la force qui le subjugue et l'entraîne. Alors on l'écoute,
on le suit avec bonheur, on l'admire sans cette tristesse
qui étreint si souvent l'âme quand on contemple son
œuvre négative. Mais en vain. Il faut qu'il se remette à
cette œuvre de destruction. Il s'est voué à son principe
entièrement. Pour le satisfaire, il ne reculera devant aucune
exécution, pas même devant celle de la famille. Celle-ci
est solennellement flétrie ; c'est *un mal,* un mal nécessaire
sans doute, mais un mal.

Ainsi le chef vénéré des individualistes a voulu refuser
toute existence objective à ces grandes unités collectives
qui nous enlacent de toutes parts, nous saisissent et fa-
çonnent de bonne heure et de tant de manières. Mais en
voilà une sur laquelle il est particulièrement impossible
de se faire illusion. Pour les autres on peut croire avoir
réussi, au moins à restreindre leur action ou espérer la
diminuer, la supprimer un jour. Mais quant à la famille,
il est de toute évidence que son influence est et restera
sans bornes, merveilleusement efficace. Le père, la mère

(1) *L'Esprit d'Al. Vinet,* II, p. 281.

laissent, par une action incessante, une empreinte ineffa-
çable, extrêmement profonde sur l'esprit et le cœur de
l'enfant qui, avant de penser, reçoit les pensées de son
entourage; qui, avant de sentir par lui-même et de rai-
sonner ce qu'il peut éprouver, est obligé de vivre des sentiments de ses parents. Au point de vue *solidariste*, rien
de plus naturel, et légitime, et saintement nécessaaire.
Mais au point de vue individualiste, comment tout cela
apparaît-il? C'est la lutte inégale et désastreuse entre des
individualités formées et une individualité en germe. C'est
la lutte ignoble de la force contre la faiblesse, d'êtres
puissamment armés contre un être désarmé.

On comprend donc que l'individualisme voie de mauvais œil la famille qu'il ne peut supprimer et qui tient
son principe en échec. La vie et la force de l'espèce, la
collectivité trouve là un refuge d'où elle peut reprendre
tout le terrain perdu; en sorte que la campagne est toujours à recommencer. La famille, en effet, est une petite
Eglise, une petite société, un petit Etat, une petite humanité. Historiquement, aux temps primitifs, elle était
tout cela au sens plein et complet. Elle est donc, pour
la doctrine nouvelle qui nous envahit, une forteresse
imprenable, au moins pour le moment, un rocher inexpu-
gnable où tout effort se brise. Eh bien! pense Vinet, si
nous sommes arrêtés par un mal invincible, résignons-
nous-y; mais ne le multiplions pas. Emparons-nous des
autres points et tenons-les ferme. Voici, du reste, ses paroles : « S'il y avait, dans l'Eglise de famille, un inconvé-
nient religieux identique à celui que j'ai signalé dans
l'Eglise d'Etat, au moins ne dois-je pas vouloir que l'in-
convénient soit multiplié par un autre de même nature,
en telle sorte que j'aie, s'il est permis de parler ainsi, le
carré du mal que j'ai voulu éviter. Dominé, restreint dans

ma spontanéité religieuse par la famille, il ne faut pas que la famille elle-même le soit par cette autre famille, qu'on appelle l'Etat » (1).

Vinet se console en disant que la tutelle du père de famille est celle d'un être personnel et capable de religion ; et il voit là une circonstance en sa faveur. C'est au contraire ce qui la rend si efficace et si redoutable au point de vue individualiste. Il se donne une consolation qui est plus solide logiquement : « *L'enfant, dit-il, ne sera pas éternellement sous sa tutelle; il deviendra majeur.* » Et plus loin : « *Cette émancipation n'est point tardive...* » Du reste, ailleurs, il constate et déplore comme *un mal* ce fait que, « dans toute association, l'ascendant de l'exemple, l'autorité de l'âge, la puissance des souvenirs restreignent plus ou moins cette spontanéité » dont il fait la base de tout (2).

On a beau nier la substantialité des autres unités générales, elles ont évidemment une influence immense, elles ausssi. Il faut renoncer à l'annuler. Mais il faut lui donner le moins possible, comme à une tyrannie détestée : « Il serait superflu sans doute, dit Vinet, de vouloir bannir de la vie humaine l'autorité, l'exemple et l'habitude; mais ils sauront assez se faire leur part sans qu'on s'empresse de jeter le *moi* humain, la réalité humaine dans ses trois puits perdus » (3). Langage effrayant pour une pensée effrayante ! Ne dirait-on pas, en effet, que le but auquel, par moments, semble tendre notre auteur, est ce

(1) *Essai sur la manif.*, p. 308, s.

(2) *Essai sur la manif.*, p. 302. — *L'Indiv. cons, dans son princ.*, p. 43.

(3) *Le Semeur*, V, 138. — *L'Esprit d'A. Vinet*, II, p. 231. Remarquez le possessif *(ses)* : l'autorité, l'exemple et l'habitude sont les trois puits-perdus du moi humain, de la réalité humaine.

vide absolu dont parle M. Bois : « L'individu ne vivant que par lui seul, n'apprenant que par lui seul, ne sachant que ce qu'il a découvert ou expérimenté à lui seul, l'individu faisant absolument table rase de ce qui l'a précédé et de ce qui l'entoure, c'est sans doute l'homme impossible ; mais à supposer qu'il fût possible, ce serait l'homme effroyablement amoindri, borné, ignorant, incapable. Le sauvage, qui nous semble parfois à peine distinct de la brute, serait encore très supérieur à cet homme entièrement séparé de ses semblables. L'isolement absolu pour l'individu équivaut à l'impuissance absolue, à la mort. La condition de la vie complète et sans cesse progressive, c'est la société, c'est la solidarité » (1). Et pourtant Vinet a vu plus d'une fois le vrai, il a écrit de beaux passages que nous voudrions reproduire. Mais cette vérité, si bien vue par moments, se voile bientôt, s'efface d'ordinaire sous l'influence du dissolvant système.

Avant d'indiquer d'autres points, qu'on nous permette de citer ce passage de M. Dorner : Dans ce siècle dont il rappelle l'incrédulité et le doute, « pourquoi, dit-il, ne regarderions-nous pas l'atmosphère plus pure qui se forme autour des chrétiens, comme une bénédiction que la grâce de Dieu nous accorde pour préserver les nôtres de l'esprit du mal? Pourquoi prétendrions-nous, jaloux, en quelque sorte, de leur liberté, à veiller sur leur développement avec plus de vigilance que le regard du Père céleste? N'a-t-il pas prédisposé la marche de l'humanité de manière à ce que le christianisme, en la pénétrant peu à peu, devienne dans son sein une puissance et une autorité permanente ', en définitive, stimulent la vraie

(2) Bois, *Evangile et Liberté*, p, 47. — Voir *l'Indiv. cons. dans son princ.*, p. 13, s. ; 21, etc.

liberté et préparent le moment où l'individu s'empare de lui-même? Si nous n'approuvons pas ce plan, cessons de prêcher, car la prédication est, comme l'éducation, l'art de déterminer notre volonté » (1).

Plus on examine et réfléchit, plus on est frappé de la portée destructive du principe que nous étudions. Il est incontestable que le christianisme objectif nous vient, par tradition, de ceux qui nous ont précédés. En remontant le cours des âges, nous arrivons aux apôtres et disciples, la plupart, ou même tous, plus ou moins, témoins des faits qu'ils rapportent. C'est leur témoignage qui est consigné dans nos écrits sacrés ; et ceux-ci, à ce titre, peuvent être considérés comme faisant partie de la grande tradition qui nous a spirituellement enfantés ou façonnés. C'est l'Eglise, au sens historique, et, dirions-nous, réaliste, qui a conservé l'Evangile et qui nous l'a transmis avec la vie religieuse, quoique le Saint-Esprit, nous nous empressons de le reconnaître, ait dû sans cesse soutenir, réveiller, fortifier celle-ci. A ce point de vue l'histoire de l'Eglise, malgré bien des misères de détail, offre un majestueux ensemble et donne à l'âme humble et pieuse de grandes consolations. On y voit bien le fleuve de vie spirituelle qui coule à travers les générations pour les purifier et pour sauver l'humanité. De plus les attestations données par Dieu lui-même en faveur de son œuvre de rédemption, les miracles destinés à faire éclater sa puissance et son incessant amour, occupent une place tellement importante et nécessaire que les supprimer serait supprimer le christianisme. Ils sont la manifestation de sa vigilance et de sa sollicitude pour son Eglise qu'il doit rassurer et fortifier. Dans ce qu'ils ont d'intime et d'essentiel

(1) *Conf. de Genève*, 2, p. 220.

ils doivent être et ils sont permanents. Il ne peut en être autrement, puisque Jésus-Christ a dit : *Je suis avec vous jusqu'à la fin de l'ère. Toute puissance m'a été donnée dans le ciel et sur la terre.* A son apparition ils éclateront d'une manière plus imposante que jamais et signaleront sa gloire. Mais au point de vue que nous examinons, tout cela, c'est de l'autorité, et celle-ci, ne l'oublions pas, n'est qu'un abîme où se perd le moi humain. Aussi le témoignage historique perd-il en importance ce que gagne le sens intime et risque-t-il de paraître inutile ou dangereux. Les miracles prennent quelque chose de suspect (1). Cet élément d'identité, bon pour préparer la venue du Messie, devait disparaître, avec la théocratie, devant l'intérêt de l'individualité et de la liberté. Même Vinet se laisse aller à des jugements parfois faux et injustes sur la Réformation. Pour A Monod (2), celle-ci ne fut certes pas sans libre examen. Mais « la liberté d'examen des Réformateurs était le passage de l'autorité humaine à l'autorité divine ; la liberté d'examen des novateurs est le retour de l'autorité divine à l'autorité humaine, avec la seule différence que l'autorité humaine, que les Réformateurs avaient secouée, était celles des papes, et que l'autorité humaine, que les novateurs rétablissent, est celle de la raison personnelle. » Avec Vinet, il n'en est pas ainsi. De Rougemont, Curchod relèvent des passages, où d'après lui, le protestantisme n'est plus guère que le vide et la négation : « Le protestantisme est la liberté religieuse, rien de moins, rien de plus ; ce n'est pas une religion, mais le lieu d'une religion ; en laissant établir des Églises d'État, le protestantisme a eu peur de son principe, il l'a

---

(1) *Essai sur la manif.*, etc., p. 288.
(2) *Récit de ma destitution,* par A. Monod, p. 110.

renié. » Il le définit par le libre examen, comme les ratio-
nalistes, ou bien par l'indépendance absolue de la conscience, le droit de s'isoler (1). Il ne faut pas s'étonner si
à lui se rattachent des écoles de négation en matière
soit spéculative, soit ecclésiastique, soit théologique, soit
historique. Les faits évangéliques et leurs documents ont
été atteints par la critique, et l'autorité de l'Ecriture a été
sapée, on sait avec quelle vigueur, par des hommes pour-
vus de merveilleuses ressources intellectuelles. Qu'il suf-
fise de nommer M. Schérer qui prétendait découvrir des
trésors de mysticité en niant l'inspiration et en l'appelant
une *ventriloquie cabalistique* (2). Comment cet admirateur
de Vinet n'aurait-il pas été encouragé dans son œuvre de
démolition par les paroles que nous avons citées, ou
d'autres encore, après avoir trouvé chez le Maître que
« l'Eglise protestante a nié toute autorité visible et que
c'est le principe qui lui a donné naissance » (3). Un écrivain, raconte M. Astié, ayant cru devoir expliquer la
vivacité des critiques de Vinet par son protestantisme, il
se mit à sourire et dit sa pensée de la façon la plus caté-
gorique : Le protestantisme, dit-il, n'est pour moi qu'un
point de départ ; ma *religion* est au-delà, je pourrais,
comme protestant, avoir des opinions catholiques, et qui

(1) *Christianisme et Individualisme*, par Curchod, p. 395. — *Les
Individualistes et l'Essai*, par F. de Rougemont, p. 17. — *L'Esprit
d'Al. Vinet*, I, p. 297, s. ; 303, 304, 305, 306, 307, 313, 319, 320, etc.
(2) « Et je ne vois pas quel dommage il y a pour sa piété [du chré-
tien] à échanger la lettre d'un code contre les vivants produits de
l'individualité apostolique, et, pour dire toute ma pensée, une ventriloquie cabalistique contre le noble accent de la voix humaine. » *La
Critique et la Foi*, deux lettres par Edmond Schérer ; Paris, 1850,
p. 20.
(3) *L'Esprit d'Al. Vinet*, I, p. 303, p. xxii.

5

sait si je n'en ai pas? Ce que je repousse absolument, c'est l'autorité. » M. Schérer s'est-il exprimé avec plus d'énergie lorsqu'il s'écriait : « Entre l'individualisme et l'autorité il n'y a rien. »

Si l'individu est tout, la rédemption croule du coup sans retour. Il est absolument impossible d'admettre, à ce point de vue, que le juste souffre, et d'une manière si terrible, pour le méchant et à sa place. Le dogme de l'expiation devient une monstruosité, le renversement du monde moral, le démenti le plus éclatant et le plus affreux donné à toute idée de justice. Les objections du rationalisme, qui reposent implicitement sur les conceptions individualistes, prennent une force irrésistible.

M. Dorner rapproche, comme on sait, les idées de Vinet et celles de Schleiermacher. Relevons un reproche grave qu'il leur fait. Il pense que, sur un point particulièrement important, le premier est encore allé plus loin que le second : c'est lorsqu'il établit sa notion de la certitude et de l'évidence. « Il refuse, dit-il, aux choses religieuses l'évidence ou la force de se rendre par elles-mêmes évidentes, et n'accorde ce privilège qu'à d'autres objets, par exemple aux mathématiques. » Le théologien allemand montre que l'on ne doit pas séparer ces deux choses, que l'Évangile a son évidence sous peine de perdre sa certitude qui ne pourrait lui venir d'aucune autre part; qu'il convient à notre cœur, à tout l'homme. Il conclut que la foi est un devoir universel. Il reproche aux deux penseurs de n'avoir pas assez fait pour signaler et prévenir certains périls, et d'avoir, par leurs systèmes, causé des excès qu'ils auraient sans doute repoussés. Ils ont, en effet, donné à la religion *une base purement individuelle*, et ils n'ont pas accepté d'une manière suffisante la possibilité et la nécessité de la connaissance objective, l'importance de la vérité objective pour la pieté (1).

Mais l'individualisme ne veut pas être une simple négation. Il prétend édifier, élever un édifice solide sur une base indestructible. Il y a un point capital dans son œuvre positive; c'est la souveraineté de la conscience. Un mot là-dessus.

(1) *Conf. de Genève*, 2, p. 221, 217.

SECONDE SECTION

PARTIE POSITIVE DU SYSTÈME INDIVIDUALISTE

Constatons d'abord l'avantage de nos adversaires, qui vient du mot même inscrit sur leur drapeau. Il semble qu'en faisant des réserves on attaque la conscience ; or celle-ci est sacrée. Ainsi on se met dans un mauvais cas. Ne nous laissons pas troubler pourtant, et posons ici quelques principes qui ne nous paraissent guère discutables.

La conscience est l'organe du bien, non du vrai. Elle n'a *directement* rien à faire dans la formation des convictions, dans le discernement des doctrines. Elle est infaillible en tant que donnant la loi suprême de Dieu qui nous ordonne le bien et nous défend le mal. C'est une règle absolue, sans exception, universelle. Mais il faut en faire l'application dans tous les moments de la vie, dans des circonstances infiniment variées. La détermination du bien et du mal se fait à l'aide du *sens moral*, qui peut devenir délicat ou s'oblitérer par suite du caractère moral de chacun. Nécessairement les décisions varient très souvent et beaucoup d'un homme à l'autre, et même chez le même homme. Il ne faut pas confondre la conscience morale

(Gewissen) ainsi que le sens moral avec la conscience de
soi (Selsbstbewusstsein) qui n'est que la vue de ce qui se
passe en soi, que ce soit bon ou mauvais, louable ou blâ-
mable.

Ces principes sont essentiels et on ne peut les négliger
sans tomber dans de funestes confusions et de grands
périls. Or, à notre sens, l'individualisme les méconnait.
La volonté, ce facteur si important, indispensable, cette
force suprême a besoin d'une lumière pour l'éclairer, d'un
mobile pour la pousser. Tout cela se trouve, d'après ce
système, dans la conscience qui est déclarée souveraine.
« C'est là seulement, je veux dire dans les profondeurs
de la conscience, que commence le droit de l'individualisme, droit absolu, droit exclusif qui ne compte et ne
partage qu'avec Dieu » (1). Ces paroles de Vinet nous paraissent extrêmement graves. Il est vrai qu'ailleurs il veut
bien reconnaître que la conscience doit plier devant
Dieu (2). Toutefois qu'il est dangereux de l'exalter comme
il fait partout, de l'élever à la suprême puissance sans insister suffisamment sur le devoir de l'éclairer et de la
guider, de la nourrir de la parole de vérité! Il va jusqu'à
soutenir que « la conscience, objet simple, substance élé-
mentaire, est demeurée intacte [depuis la chute de
l'homme]. » Du reste voici à quoi elle se réduit : elle
n'est que « cette voix secrète qui condamne tout ce que
nous faisons contre notre persuasion intérieure » (3). En
présence de ces déclarations et de bien d'autres qu'on
pourrait produire, nous répétons ce que dit Curchod :

(1) *L'Esprit d'Al. Vinet*, II, p. 194, 230, 272, 273. — On a prétendu que Vinet avait toujours pris le mot d'individualisme dans un
sens défavorable. Nous donnons ici la preuve du contraire.
(2) *L'Esprit d'Al. Vinet*, I, p. 12.
(3) *L'Esprit d'Al. Vinet*, I, p. 4, 3.

« On l'a fait observer avec beaucoup de raison, dit-il, le grand mal de notre siècle est l'idolâtrie de soi-même sous le nom de la conscience ; or, partout où l'homme règne, sous quelque forme que ce soit, il tend à détrôner Dieu » (1). Rappelons-nous la solennelle parole du prophète : « Je suis l'Éternel, et je ne donnerai point ma gloire à un autre ni ma louange aux idoles » (2).

A son tour M. Dorner, signalant les dangers du système de Schleiermacher, dont celui de Vinet se rapproche, montre qu'il ne faut pas, en religion, faire tout reposer sur le sentiment. Il devient alors seulement autonome; « il n'est dominé par aucun idéal, formé par aucune mesure, dirigé par aucune loi indépendante de lui. Or le sentiment peut être maladif ou sain ; et la question de savoir s'il est maladif ne peut être décidée que par une vérité objective incontestable pour chacun, que par une vérité qui possède le droit de modifier chacun dans sa nature même. D'ailleurs, puisez la notion de religion non pas dans la vérité objective, non pas dans l'humanité de l'homme, mais dans son individualité seule, et chacun n'a plus d'autre norme que lui-même : l'atomisme est proclamé et nous n'avons à enregistrer, dans cette sphère, que des accidents ou, si vous voulez, des sympathies personnelles » (3). Ajoutons cette précieuse déclaration d'un homme qui est très respectueux pour Vinet tout en présentant, sans s'en rendre toujours compte, les raisons décisives et les faits qui le réfutent très souvent, M. Ch. Secrétan : « La conscience nous instruit lorsque nous cherchons avec fidélité la solution des énigmes qu'elle

(1) *Christianisme et Individualisme*, par Curchod, p. 126.
(2) Ésaïe, XLII, 8 ; XLVIII, 11.
(3) *Confér. de Genève*, 2, p. 221.

pose ; si nous la consultions d'une manière exclusive, elle ne serait qu'une source d'illusions » (1).

Le dogme moderne de la souveraineté de la conscience a une portée incalculable. « Toutes les fois, dit Vinet, qu'un individu a une opinion et qu'il sent une obligation dériver pour lui de cette opinion, il a le droit d'appeler cette opinion *conscience*, et personne ne pouvant pénétrer dans l'intérieur de cet homme, personne aussi ne peut enlever le nom de conscience à ce qu'il lui a plu d'appeler ainsi. » Et ailleurs : « La liberté religieuse est la liberté de faire ce qui plaît à Dieu, ou, du moins ce que nous croyons qui plaît à Dieu » (2). Nous glissons ainsi sur la pente du subjectivisme absolu et arrivons à des conséquences fort embarrassantes. Les persécuteurs les plus cruels qui ont versé tant de sang pour l'Eglise romaine peuvent s'autoriser de ce système et dire : Une obligation dérivait avec pleine évidence de notre opinion ; celle-ci est notre conscience et nul n'a le droit de nous contredire ; nous avons vaillamment fait ce qui plaît à Dieu, ou du moins ce que nous croyons qui plaît à Dieu. — Si on leur faisait remarquer qu'ils ont brutalement empêché les autres de faire selon leur opinion, ils pourraient dire : Notre opinion, et mieux notre conviction, nous obligeait à les empêcher de suivre leurs erreurs. — Ne faut-il pas tout d'abord se méfier d'un système qui offre de telles applications ? Vinet dit encore : « L'Evangile est la conscience de la conscience même. — Le Christianisme est la conscience elle-même élevée à sa dernière puissance. — L'Evangile est caché au fond de toute conscience..... « Il y a au-de-

(1) *Revue chrétienne*, déc. 1851. p. 787 (Article sur l'ouvrage de M. Astié, *L'Esprit d'Al. Vinet*).

(2) *L'Esprit de Vinet*, II, p. 213, 195.

« dans de nous, dans notre dernier fond, si nous voulons
« descendre jusque-là, quelque chose qui rend témoi-
« gnage à l'Evangile, et qui, incapable de l'annoncer à
« l'avance, est capable de le reconnaître lorsqu'il pa-
« raît » (1). Nous croyons qu'il y a là de dangereuses
erreurs. On aurait beau creuser la conscience jusque dans
ses dernières profondeurs, on n'en ferait jamais sortir
l'Evangile. Celui-ci repose sur des actes d'amour et de
miséricorde que l'homme n'eût jamais soupçonnés de la
part de Dieu. Son sens intime, dans ses meilleurs moments, ne lui parlait que de péché en lui, de colère en la
divinité offensée ; sa conscience ne lui parlait que de cul-
pabilité, de condamnation. Ecrasé par le sentiment de ses
fautes, il ne savait, dans son trouble, que chercher les
moyens d'accomplir une terrible et nécessaire expiation.
Jamais il n'aurait imaginé que Dieu donnât son Fils pour
cela. Et puis cette venue de Jésus-Christ dans le monde,
et tous les événements auxquels elle a donné naissance,
sont des faits historiques que le témoignage historique,
l'affirmation de l'Eglise peuvent seuls assurer. Mais c'est
de l'autorité. L'individualisme la maudit donc en vain :
elle est nécessaire, absolument nécessaire, et tous les
efforts du monde ne pourront faire qu'elle ne le soit pas,
que la conscience puisse par divination inventer l'histoire,
reconstituer par ses propres données ce vaste passé. Il y a
ici une grande confusion qui fausse trop souvent l'apolo-
gétique moderne, et égare beaucoup d'esprits. Qu'on dise
tant qu'on voudra que l'Evangile répond aux légitimes
besoins du cœur humain, on dira une sûre et consolante
vérité. Mais si l'on soutient qu'il est lui-même en l'homme,
on tombe dans une grave erreur, et l'on se met en con-

(1) *L'Esprit d'Al. Vinet*, I, p. 22, 23.

tradiction absolue avec la Révélation et les affirmations catégoriques des auteurs sacrés. Voici ce qu'ils déclarent : « La lumière a lui dans les ténèbres, et les ténèbres ne l'ont point reçue. Le monde n'a pas reçu celui qui est la lumière des hommes. Il est venu chez soi et les siens ne l'ont point reçu. La lumière est venue dans le monde, mais les hommes ont mieux aimé les ténèbres que la lumière, parce que leurs œuvres étaient mauvaises. Les faits évangéliques sont des choses que l'œil n'avait point vues, que l'oreille n'avait point entendues et qui n'étaient point montées au cœur de l'homme » (1).

L'individualisme ne fait pas la très importante distinction que nous avons faite entre la conscience et le sens moral. En affirmant que la première renferme l'Evangile, et qu'elle est restée intacte après la chute, il affaiblit singulièrement la portée de celle-ci. Du coup, il est tenté d'atténuer le mal que l'Ecriture nous dépeint comme si profond en l'homme. Ne sera-t-il pas à la fin entraîné à dire que l'homme est foncièrement bon, que tous les hommes sans exception se convertiront un jour, et qu'il ne peut y avoir de peines éternelles? Avec ce que la théologie moderne a appelé le rétablissement final, on entre dans le monde enchanté du panthéisme, mais on s'éloigne rapidement du christianisme révélé.

Il s'est trouvé aussi un philosophe qui a soutenu cette thèse de la bonté native de l'homme. Jean-Jacques Rousseau attribue tout le mal à la société et à son influence. Entre son système et celui de Vinet, il y a de curieux points de rapprochement que Curchod a soigneusement étudiés et analysés. La bonté innée de l'un correspond à la conscience souveraine et intacte de l'autre.

(1) Jean, i, 5, s. ; iii, 19; 1 Cor., ii, 9.

Pour l'un, la société civile gâte tout ; pour l'autre, c'est
la société ecclésiastique. Changez l'organisation sociale,
dit l'un, et tout ira bien. Changez l'organisation ecclésiastique, dit l'autre, abolissez les Eglises d'Etat, les Eglises
nationales, et le mal sera réparé. Détruisez les institutions : « Partout où l'homme sera chargé de pourvoir à
sa religion, il aura une religion. Ce besoin est universel,
profond, inextinguible... » (1).

Puisque la conscience est souveraine et intacte, elle
devient l'organe de la vérité. Mais cette vérité qu'elle
trouve en elle-même, en creusant jusqu'en ses dernières
profondeurs, elle doit naturellement l'exprimer, la manifester. La société ne doit pas gêner ces manifestations,
bien au contraire. Partout Vinet professe cette doctrine :
« ... Si c'est le devoir de l'individu de manifester ses
croyances, c'est le devoir de la Société de respecter cette
manifestation » (2). Pour en arriver là, il faut oublier la
corruption de l'homme, comme l'ont remarqué ceux qui
ont réfuté ces théories. « Le but de l'homme, dit de
Rougemont, est non de manifester ses opinions religieuses
et irréligieuses avec toutes leurs nuances possibles, mais
de parvenir à la connaissance de la vérité qui est en
Christ, et si Dieu conserve la société telle qu'elle est, c'est
qu'il travaille constamment à la retirer du mensonge qui
l'enveloppe de ses ténèbres, et à la sanctifier et renouveler par la foi. » Ce même auteur montre, dans une
page bien remarquable que nous voudrions reproduire,
ce qu'emporterait ce prétendu devoir de confesser au
public tout ce qu'on sait et tout ce qu'on sent. Les consé-

(1) *L'Esprit d'Al. Vinet*, II, p. 285, etc.
(2) *L'Esprit d'Al. Vinet*, II, p. 213. — Voir Curchod : *Christian.
et Individ.*, p. 110, s., 150, s.; 171, s. — De Rougemont : *Les
Indiv. et l'Essai*, p. 80.

quences de son application seraient infinies et infiniment
désastreuses. La société n'y gagnerait certes pas. Même
elle deviendrait impossible. La corruption en serait gran-
dement favorisée.

Qu'on nous comprenne bien. Nous ne prétendons pas
dire qu'il ne faille pas exprimer et suivre ses convictions.
Nous ne prenons la défense d'aucune défaillance, d'aucune
lâcheté. Seulement nous signalons aux individualistes les
égarements du sens moral, et nous les exhortons à en
trembler en se souvenant du mot de Pascal. Nous ne réclamons aucune tyrannie. Nous ne protestons pas contre la
liberté de penser, de parler et d'écrire. Nous marchons,
au contraire, dans la voie royale de la liberté. Loin de la
restreindre, nous la voulons complète. Il la faut pour
l'homme tout entier. Mais précisément l'homme étant
individu et membre de l'espèce, il faut que la liberté soit
pour l'un et pour l'autre, qu'elle existe dans toutes les
régions de la vie où se meut l'humanité. Il faut que la
société civile et la société religieuse vivent, et par conséquent qu'elles puissent se défendre contre ce qui tend
directement à les détruire. Ainsi, elles ne peuvent sub-
sister avec la dépravation des mœurs ouvertement affichée
et publiquement excitée. On le sait bien dans ces pays où
la liberté règne certes souverainement, comme dans l'An-
gleterre et les Etats-Unis. Chose remarquable ! là encore
la profession d'athéisme, non-seulement est flétrie, mais
elle entraîne parfois des conséquences graves, même
devant les assemblées politiques ou les juges. Le devoir de
l'individu, en effet, n'est pas, comme prétend Vinet, de
manifester toujours toutes ses opinions ou idées : c'est
une fausse conception de la sincérité. Il doit être toujours
vrai dans ses manifestations; mais il doit prendre garde
avec vigilance à l'influence qu'elles peuvent exercer, se

demander avec alarme si elles ne portent pas atteinte à la famille, à l'Eglise, à la société, ne brisent pas ces cercles bénis qui enlacent l'homme pour le garder. M. Colani a-t-il été inspiré par ces sentiments, guidé par ces scrupules, lorsque avec une sereine et redoutable audace, il a montré comme suit la portée du principe individualiste. Il soutient ferme cette thèse que l'on n'a d'autre juge que son sentiment intime. C'est lui qui condamne, c'est lui qui absout. Chaque conscience est un tribunal incorruptible qui rend nécessairement gloire à la vérité. Le Christ d'ailleurs refuse d'être une autorité, et ce qui dans l'Ecriture nous arrête, nous scandalise, ne fait point autorité de sorte qu'on eût à la pratiquer sans la comprendre. Ce serait là, d'après lui, une obéissance aveugle, machinale, où la conscience n'aurait aucune part : or, tout ce qu'on fait sans elle est péché. Voici du reste des applications intéressantes que l'auteur fait de son principe : « Il y a peut-être... des personnes qui hésitent touchant la légitimité de certains actes : vous vous demandez si la danse est permise, si en fréquentant le théâtre on ne donne point un encouragement au mal, si les chrétiens peuvent consacrer une partie du dimanche au plaisir ou au travail, si les spéculations du commerce et de la bourse sont autorisées par la morale. Dans tous ces cas... interrogez votre conscience, mais sincèrement, sérieusement, et n'allez pas la confondre soit avec vos préjugés, soit avec vos secrets désirs. Votre conscience vous laisse-t-elle libre ? Usez de votre liberté, vous souvenant toutefois de ne point scandaliser les faibles : votre liberté est sanctifiée, si c'est bien la la conscience qui vous la donne » (1). A ce compte, plus la

(1) Colani, *l'Individualisme chrétien*, dans ses *Sermons* (1858), 2e édit., p. 146, 148, 153, 154.

conscience (sens moral) serait obtuse ou pervertie, plus serait étendu le champ des choses permises au nom d'un tribunal déclaré incorruptible, plus grande serait la liberté.

Décidément il voyait singulièrement juste, il disait singulièrement vrai, le grand chef des individualistes, lorsqu'il s'exprimait ainsi : « Le temps de dire la vérité, c'est dès qu'on la connaît, parce qu'elle apparaît toujours à son heure, et qu'il ne nous appartient point de dire des vérités prématurées. Nous ne les donnons point à notre siècle : c'est notre siècle qui nous les donne; en sorte que, quand une d'elles apparaît à notre esprit, nous devons hardiment la dire sans crainte d'anticiper » (1). Seulement le chrétien vigilant et sage, bien inspiré, qui sait que toute vérité vient d'en haut et non d'en bas, de Dieu, de son Evangile, et non d'un monde corrompu, sait aussi ce que valent ces prétendues vérités que le siècle nous donne. D'une source empoisonnée, que peut-il sortir ?

(1) *Esprit d'Al. Vinet*, II, p. 209.

CONCLUSION

Nous avons établi qu'il y a dans l'homme divers éléments qui, pour réaliser sa fin, doivent se développer, mais sans se nuire réciproquement ou s'embarrasser. Etant légitimes, ils doivent être sauvegardés. La vraie vie morale dont la source est dans la volonté, et qui donne lieu à la personnalité, avive l'individualité, bien loin de l'effacer ; mais elle n'en reste pas là. Eclairée par la vérité objective, soutenue par le secours d'en haut, directe ou indirecte, elle aspire à déployer toute sa puissance, à faire d'immenses conquêtes : il lui faut l'humanité entière, l'humanité forte et grande par la liberté. L'homme ne peut rester dans les limites de son individu. Ce serait une prison où il mourrait étouffé. Plus il se développe, plus il a besoin de vivre chez les autres et plus il veut que les autres vivent en lui par cet échange qui constitue la vie de l'amour. C'est là le but que l'âme poursuit, l'idéal vers lequel elle se tourne nécessairement, et cela avec d'autant plus d'ardeur et d'énergie, qu'elle est plus généreuse. C'est dire que l'espèce est *une* et que, par le jeu de la liberté morale en Dieu et les créatures, elle tend invinciblement à se reconstituer spirituellement en Jésus-Christ, tandis qu'elle existe psychiquement en Adam.

Ainsi, dès le début, nous affirmons que *l'homme est nécessaire à l'homme*, suivant un mot très juste de Vinet

lui-même, infidèle un moment à sa doctrine que Dieu
suffit à l'individu et l'individu à Dieu. Cette affirmation,
nous la retrouvons au point d'arrivée. Nous soutenons
que, pour son développement complet et normal, il doit
se rapprocher de son semblable afin de réaliser *la commu-
nion*, qui n'est pas une chose facultative ou simplement
utile et agréable, mais nécessaire. Par là, il n'étouffe
point l'individualité ou la personnalité de celui-ci. Il les
affirme et vivifie au contraire, en fortifiant les siennes
propres. Cette doctrine nous l'avons appelée SOLIDARISME.
Qu'on nous permette ce mot nouveau dont l'adoption
nous paraît désirable et inévitable. Il indique que l'humanité n'est pas composée de pièces accidentellement
rapprochées, facilement séparables et complètes chacune
en elle-même. Elles doivent, au contraire, former, par
leur vivante union, un vaste et bel ensemble, comme un
être organique, un édifice *solide*, indestructible dont toutes
les parties ont quelque chose de commun et concourent à
un but commun (1).

Oui; il y a une sorte de responsabilité qui nous unit
les uns aux autres. Nous sommes tous intéressés à l'humanité, et celle-ci est impliquée dans les acte de chacun.
Qu'on ne nous dise pas que c'est du panthéisme ; nous
sommes séparés de lui par un abîme infranchissable : la
liberté morale que nul n'affirme plus énergiquement que
nous. Nous repoussons ici le mot malencontreux de *socialisme*, qui n'est propre qu'à égarer les esprits et à donner
les impressions les plus fausses, les plus fâcheuses.

(1) Sur *la Solidarité*, voir les articles de M. Bois dans la *Revue* de
Montauban (juillet, octob. 1877, juillet 1878), ainsi que l'important
ouvrage de M. le professeur Marion. Naturellement nous faisons
quelques réserves que nous formulerions si nous faisions une étude
spéciale là-dessus.

Nous avons esquissé le développement plein et idéal.
Mais les pensées, sentiments, efforts, institutions, systèmes humains peuvent plus ou moins le favoriser ou le
troubler. Le *catholicisme* appuie de toutes ses forces sur
l'élément d'identité. Mais il s'est laissé aller à voiler, à
écraser même l'élément de liberté, la volonté, en même
temps qu'il ne faisait pas à l'individualité une part con-
venable, et l'étouffait trop souvent. Il a voulu réaliser
l'unité de l'espèce, et il a fait parfois de grandes choses.
Malheureusement il a mutilé l'homme et tari en lui les
sources de la vie. Cette collectivité qu'il a voulu établir
au profit d'un ou de plusieurs, ne reposant pas sur le
respect de la personnalité, sur le maintien de sa base
nécessaire, a quelque chose de tyrannique et de faux.
Comme il y a solidarité étroite entre l'individu et l'espèce,
celle qu'on a construite aux dépens de celui-là, est fatalement précaire et caduque. Ceux qui l'ont concentrée en
eux avec tant d'audace, de persévérance et d'habileté,
finiront par reconnaître qu'ils n'ont rien en définitive. Le
catholicisme donne donc le spectacle de la décadence, et
d'une décadence irrémédiable. Les peuples qu'il tient sous
sa houlette redoutable, s'en vont en dissolution. Comme
un excès est facilement suivi de l'excès opposé, ils se
livrent plus facilement que d'autres aux passions révolu-
tionnaires ; et la volonté, privée d'une saine et virile éducation, s'affirme par de tristes égarements. L'émancipation amène une crise très dangereuse.

La *réformation* a su affranchir l'individualité et la
volonté sans détruire le principe d'identité. Aussi admi-
rons-nous la profonde sagesse de cet immense mouvement
qui aurait pu, d'une manière si prompte et si facile,
dégénérer et tomber dans l'excès. La tradition fut épurée,
mais conservée. C'était bien la même Église d'autrefois se

montrant parée d'une nouvelle jeunesse. Les anciens
symboles furent reconnus et traités, après la parole de
Dieu, avec le plus grand respect. L'autorité ne fut pas
regardée comme un affreux abîme à combler ou à éviter.
Si la mauvaise, non sanctionnée par l'Evangile, fut résolument écartée et niée, la bonne, la vraie fut recherchée,
fortement établie. Elle comprenait explicitement ou implicitement le respect de la conscience, de la volonté individuelle, de l'individualité : aussi la Réforme a-t-elle enfanté
toutes les libertés modernes ; et même les institutions
politiques, inspirées par l'amour de la liberté, reprodui-
sent les conceptions du grand Calvin, ami de l'autorité,
tant il est vrai que ces deux biens, liberté et autorité sont
solidaires, et que travailler véritablement pour l'un d'une
manière intelligente et efficace, c'est travailler pour l'autre. L'espèce fut conservée de la manière la plus ferme ;
preuve en soit le baptême des enfants, qui fut maintenu
sans hésitation, avec unanimité, avec une énergie qui va
jusqu'à la plus vive indignation contre les opposants.
Mais elle ne fut plus le privilège d'un ou de plusieurs,
comme la propriété d'une caste. L'individualité ou particularité put librement renaître. Rien de plus varié, en
effet, que ces Eglises nées d'un même besoin, mais gardant leurs caractères propres. Quelle merveilleuse diversité ! Et pourtant elle ne rompt pas l'unité. Chaque individu, chaque groupe dans le monde de la réformation
garde ses traits distinctifs. Mais au fond la même vie
circule partout.

Dans notre siècle voici décidément l'*individualisme* qui
entre en scène. Il prétend continuer et compléter la Réforme du XVIᵉ siècle. Mais que son esprit est autre, et son
œuvre différente ! Il exalte et déchaîne la volonté individuelle et l'individualité ou principe de diversité. Il affai-

blit ou même supprime l'élément d'identité. Il hait et
repousse l'autorité qui est pour lui un puits-perdu. Il
rompt résolument avec le passé. L'Eglise n'est plus que
la fille, la création spontanée et toujours renouvelée des
croyants. L'espèce n'est plus qu'un vain mot, ou si elle
est quelque chose, c'est la tyrannie. Aussi le baptême des
enfants devient une grande erreur, un immense non-
sens, ou une abomination. Le morcellement ecclésiastique
est un droit et même un devoir. Tout ce qui est objectif devient facilement suspect. Le témoignage extérieur
n'a qu'une valeur secondaire et passagère. Le subjectivisme tend à régner en maître et doit tout marquer de
son sceau. La loi de solidarité est méconnue ou niée;
toujours au fond un embarras. L'individualisme tombe
ainsi dans une erreur contraire à celle du catholicisme,
mais non moins dangereuse. Il exalte l'individu; mais
l'individu sans l'espèce se dessèche et meurt comme la
plante déracinée. L'activité fiévreuse qu'il déploie lui est
funeste. Il s'épuise loin de ce qui faisait sa force. Il a pris
pour des entraves les barrières qui le gardaient des abimes,
et sa liberté est sa perdition. Il fait le vide, il entasse les
ruines. Mais sur ces ruines il est destiné à s'étioler, à périr
comme le voyageur isolé dans le désert, fatigué, épuisé,
dévoré de faim et de soif.

Après cette étude, où nous nous sommes rigoureusement rendu compte de la nature et des conséquences de
l'individualisme, nous nous sentons pressé de répéter le
solennel avertissement de M. Dorner, signalant les dangers
du subjectivisme de Vinet et de Schleiermacher :

« *Latet anguis in herba.* »

Mais nous ne voulons pas terminer sur ce mot plein
de tristesse. Nos adversaires ont de généreuses ardeurs

que nous nous plaisons à reconnaître. Ils croient défendre ces choses bien chères à tout chrétien éclairé, particulièrement à tout cœur protestant : l'indépendance de l'esprit, le développement de la personnalité, la dignité morale. Rendons hommage encore une fois à la sincérité de leurs intentions et à l'élévation de leurs sentiments, tout en déplorant leur erreur quant aux moyens qu'ils emploient pour atteindre à ce but sacré, et leur attachement à un principe métaphysique qui compromet, au lieu de les sauvegarder, ces biens si précieux, inaliénables (1).

A. MAZEL.

(1) Notre étude était terminée quand nous avons eu l'occasion de prendre connaissance de l'article de l'Encyclopédie sur notre sujet. Ce long article, qui affecte les allures d'un manifeste, ne nous a pas appris grand'chose, osons le dire. Il manque complètement de précision et de rigueur scientifique. L'auteur, comme on pouvait s'y attendre, s'empresse de tomber dans la grande confusion contre laquelle nous avons constamment protesté : il identifie son principe pris en lui-même avec la liberté humaine, les droits impérissables de la personnalité, ce qui rend sa tâche extrêmement facile, et donne lieu à des développements (nous ne voudrions pas dire à des déclamations) sans fin. C'est ainsi qu'il en arrive à prendre pour chef tout d'abord, non pas quelqu'un des Réformateurs, non pas quelqu'un des Apôtres, mais Socrate qu'on ne s'attendait guère à retrouver en ce débat. Oui, le fils de Sophronisque, qui l'eût pensé? est donné par lui « comme le père vénéré de tous les individualistes. » Il en fait l'éloge le plus pompeux en termes fort lyriques. « Socrate nous représente, dit-il, il meurt pour nos idées et en quelque sorte à notre place » (p. 670). Il est vrai qu'il voit autour de lui bien des sujets de découragement ; mais il veut espérer contre toute espérance. Sans nous arrêter à certains jugements plus que hasardés sur quelques personnes, constatons que, dans la partie bibliographique, il n'est pas fait mention des ouvrages de MM. Dorner, Naville, Bersier, ce qui est une lacune grave ; et pourtant cette énumération d'auteurs et d'écrits est assez étendue, et elle semble vouloir être complète.

L'honorable professeur de Lausanne cite quelques ouvrages dont nous n'avons pas parlé : les siens naturellement, et c'est son droit. En outre : A. Bost, *Mémoires*, etc. (2 vol. ; sup. 3º vol., Paris, 1854 ; le même : *Christianisme et théologie*, etc. ; Genève, 1828). H. Grand-pierre, *Réflexions suggérées par la lecture de l'ouvrage de M. le prof. Vinet*, Paris, 1843 ; Steven van Muyden, *De l'intervention de l'État en matière religieuse, à propos de l'ouvrage de M. Vinet*, Paris, 1843 ; *Lettre d'un laïque à un pasteur*, Montauban, 1848 ; diverses publica-tions périodiques ; Diodati, *De l'Individualisme religieux*, manuscrit de la Bibliothèque de Genève.

La *Revue* de Montauban (sept. 1881) porte un article de M. C. Malan sur notre sujet. Il y a là plus de sentiment que de raison, et plus de mysticisme que de logique. Aucune définition précise et rigoureuse ; donc pas de caractère scientifique. Sans parler de contradictions, il y a des propositions dont l'auteur n'a pas senti la gravité, et qui sont le renversement pur et simple du christianisme. Ainsi : *Jésus n'inter-pose pas son âme entre l'âme et le Dieu de l'âme ; il aime plutôt à s'effacer... Il ne commande pas* (p. 246, 247). — De son côté le fécond M. Astié a prononcé un discours dont M. de Pressensé parle avec éloge, dont il cite avec une sorte d'admiration la péroraison. Pour nous, c'est un parfait modèle de *pathos*. Qu'on en juge par ce passage : « Si vous vous laissez gagner par cette contagion, si elle élit domicile dans les œuvres vives, je ne vous promets ni repos, ni succès faciles et éclatants, mais ce qui paraît bien plus précieux à vingt ans, l'inces-sant bouillonnement de la vie, le sentiment de vous élancer bien outillés, avec ardeur et confiance, dans la mêlée, avec un cœur vibrant à tout souffle nouveau. » (*Rev. Chrét.*, déc. 1881.)

APPENDICE

UNE QUESTION

QUI INTÉRESSE TOUT LE MONDE RELIGIEUX, A PROPOS DE LA
SÉPARATION DES ÉGLISES ET DE L'ÉTAT

Il serait sans doute prématuré de dire que la séparation
de l'Eglise et de l'Etat est faite ; mais bien aveugle serait
celui qui ne serait pas frappé des signes annonçant
qu'elle peut se faire d'une manière brusque et prochaine.
Cette question, en effet, ne s'agite pas exclusivement dans
les revues, dans les cercles bien pensants, dans les salons.
Elle a gagné les foules et les assemblées tumultueuses,
elle est descendue dans la rue en quelque sorte. Elle
figure sur les programmes des comités radicaux. Beaucoup de députés, nommés sous les fourches caudines du
mandat impératif, ont promis de la produire envers et
contre tous, et de faire tous leurs efforts pour déterminer
sans rémission des décisions en ce sens. Quel succès ! Il
doit réjouir ceux qui ont ardemment travaillé à répandre
cette idée, la glorifiant comme une panacée. Peut-être
même certains caractères de cet immense succès les
effraient-ils un peu. Je me demande quelle figure ferait le

grand initiateur, Vinet, au milieu de certaines multitudes que l'on sait. A l'aspect de tels adhérents, en entendant ces cris redoutables, en présence de telles conquêtes, ne s'écrierait-il pas éperdu :

Voilà donc quels vengeurs s'arment pour ma querelle !

Nous ne nous proposons pas maintenant de discuter le principe en lui-même. Nous dirons simplement : Pour nous ce n'est ni un épouvantail, ni une panacée. Ah ! sans doute s'il devait par ses applications nous donner, comme plusieurs se l'imaginent, l'indépendance et la dignité de l'Eglise, il n'aurait pas de partisan plus énergique et plus fougueux que nous. Mais prenons bien garde ; ces foules qui le proclament avec une terrible ardeur, veulent-elles l'indépendance et la dignité des églises, et leurs chefs sont-ils animés de pareils sentiments ? Pour avoir des lumières là-dessus, rappelons d'autres points du programme radical, et ne commettons pas la faute de les séparer du fameux principe.

Ce programme ne se contente pas, en effet, de porter la suppression du budget des cultes, comme désirable et réalisable au plus tôt. La méfiance à l'égard des associations religieuses et l'abolition des biens de mainmorte en font partie. Voyons bien quelle est la portée de ces choses-là. Armons-nous d'une logique simple et naïve comme celle des enfants, je veux dire qui va droit devant elle ; car, ne l'oublions pas, c'est celle des peuples.

L'Etat ne donnera plus de salaire aux ministres des cultes. Il retirera, notamment aux pasteurs, leur maigre subsistance. D'où vivront-ils ? car enfin, je le suppose, on ne leur défendra pas de vivre. — Eh ! direz-vous, c'est tout simple : les fidèles des différentes communions se réuniront, s'associeront, ramasseront de l'argent pour

faire vivre leurs ministres. — Mais prenez garde : c'est
une association religieuse, et l'tEat les suspecte toutes, les
surveille toutes avec un soin jaloux. On leur permet sans
doute d'adopter telle couleur, tel costume pour leurs
adhérents ; mais toucher de l'argent, employer de l'argent,
c'est autre chose (1). Halte-là ! Dans une d'entre elles on
peut conspirer, on est toujours porté à conspirer. Donc
on peut conspirer dans toutes. Du reste on ne peut faire
de faveurs. L'esprit hautement chevaleresque et vaillamment patriotique de zélés protestants n'accepterait pas un
traitement d'exception. « Pas de privilèges ! s'écrieront-ils
généreusement. La raison d'Etat veut qu'on frappe les
associations catholiques ; rien de plus juste, car elles sont
plus que suspectes. Donc qu'on nous frappe nous-mêmes.
Plus vous nous frapperez, plus nous vous bénirons et
serons contents, car chaque coup reçu par nous, est l'in-
dice que nos ennemis, les catholiques, en reçoivent au
moins autant. »

Nous voyons donc un avenir plein de dangers pour
toutes nos sociétés religieuses et pour toute église, si le
radicalisme niveleur arrive au pouvoir, ce qui ne se réa-
lisera pas sans doute de quelque temps, il faut l'espérer.
Ces dangers seront d'autant plus redoutables que le protestantisme se trouvera morcelé, très divisé de toute
façon, et qu'il y aura probablement toujours un parti
ardent pour y applaudir, et pour soutenir avec conviction que ces malheurs-là sont de vrais bonheurs.

Mais supposons qu'on les évite suffisamment, qu'on
soit assez heureux pour avoir un peu de tolérance, que
les gouvernants se relâchent de la rigueur de leurs terri-

(1) Allusion aux paroles très catégoriques d'un député de Paris fort
en vue et influent. (M. Clémenceau.)

bles principes. Les fidèles trouvent moyen de se concerter pour s'occuper des besoins de leur culte et y pourvoir. La première chose que la sagesse leur inspire, c'est évidemment de ramasser des fonds, de les placer autant que possible, dans le but de s'assurer des revenus permanents. Hors de là il n'y aurait qu'une situation précaire et misérable. La dignité du ministère en particulier serait compromise, et même celui-ci, dans bien des cas, deviendrait impossible. Or, qu'on ne l'oublie pas, quand il est atteint ou supprimé, l'église croule.

Mais, ô malheur ! ces fonds ainsi constitués, que possèderait la communauté, sont des biens de mainmorte, et on n'en veut plus, ils sont interdits par la loi (future). Vite qu'on les confisque ! Si l'on tarde, peut-être verra-t-on des patriotes farouches, des protestants plus ou moins évangéliques, demander tout haut l'application de la susdite loi, car ils rougiraient d'avoir ce qu'ils appellent des privilèges, et quand une fois un principe est adopté, il faut l'appliquer sans miséricorde. Or, dit-on, les congrégations catholiques absorberaient bientôt la plus grande partie du sol de la France, si on les laissait faire. Il faut couper le mal dans sa racine. Donc plus de biens de mainmorte..., si ce n'est ceux que l'Etat autorisera, et qui seront *laïques* naturellement, en faveur d'ouvriers dont on n'exigera aucune profession religieuse. Pourvu qu'on n'exige pas le contraire ! Ainsi ces amis de l'Eglise seront amenés à immoler l'Eglise, les églises chrétiennes, sur l'autel de la patrie. Celle-ci s'en portera-t-elle mieux ? Hélas ! Hélas !

Voilà l'écueil où nous pourrons bien nous briser, si le programme radical se réalise un jour dans sa plénitude. Et, qu'on ne le perde pas de vue, ce danger ne menace pas seulement l'Eglise réformée ; il existe pour toute

église ou secte, pour toute société religieuse. C'est à se
demander, dans des moments d'humeur trop noire, si
dans la constitution future qui s'élabore au sein des
masses, il y aura des articles équivalants à ceci : « Tous
les représentants de la religion, tous les ministres de
culte seront tenus de vivre misérablement, jusqu'à ce
qu'ils meurent de faim dans un délai qui sera fixé par
une circulaire ministérielle. »

Voilà nos craintes ; nous les avouons franchement,
quoique les Français soient facilement optimistes. Voilà
ce que nous croyons parfois prévoir, quoique la prévoyance
ne soit pas appréciée chez nous, soit même un peu
ridicule, et que le contraire soit élevé par l'habitude à la
hauteur d'un principe, presque d'une qualité. Que ces
craintes soient illusoires, nous le désirons ardemment.
Puissent ceux qui ont une foi robuste en l'avenir, les
dissiper. Puissent ceux qui ont des lumières supérieures nous les communiquer. Nous ne demandons pas
mieux que de rêver de beaux triomphes pour l'*Eglise
de l'avenir*, dont un moment il était de mode de parler
avec tant d'enthousiasme. (Je parle de longtemps.) Puissent
nos enfants se moquer de nos soucis en coulant des jours
pleins de béatitude, et, constituant une Eglise digne,
forte, vraiment libre, former un puissant élément de
jeunesse et de force pour la patrie, pour un Etat libre
aussi, réalisant et protégeant la liberté, au sein de la paix,
d'une solide concorde et d'une pleine prospérité. Voilà ce
que nous désirons. Nous ne demandons pas mieux que de
nous faire les plus riants tableaux. Mais il serait bon qu'on
pût être convaincu que ce ne sont pas de vains rêves. Il
faut des raisons bien fermes, non des phrases, des paroles
creuses. Ah ! des phrases ! il est facile d'en faire même
pour soutenir les thèses les plus absurdes et les plus

funestes sophismes. Que de Français passés maîtres là-
dessus!

On pensera peut-être à nous dire : La solution est
simple. Il y aura des associations autorisées, et d'autres
non. Les premières auront une existence légale et
pourront vivre, comme cela se voit aujourd'hui ; et votre
église sera du nombre. La réponse serait très bonne si
nous étions sûrs qu'il en sera ainsi en effet. Mais d'où
nous viendrait cette certitude? Jetons un coup d'œil sur
ces foules qui imposent à leurs représentants le mandat
impératif et pire encore. (Bien entendu, il n'est pas
question du gouvernement actuel.) Qu'on les interroge
sur leurs dispositions à l'égard des sociétés ou associations
religieuses, et qu'on se persuade qu'elles en toléreront, si
une fois elles ont le pouvoir en main! Qui nous assure
qu'elles ne verront pas chez toutes des conspirateurs et
des ennemis, qu'elles pourront ou voudront avoir le discernement et le bon vouloir nécessaires pour nous
épargner? Nous serions heureux, si par preuves solides, on nous donnait cette conviction et dissipait toute
crainte.

En tout cas il est une consolation que nous ne goûterons
jamais ; c'est celle qui consiste à se dire, quand on est
dans l'oppression ou qu'on souffre d'injustices faites à son
Eglise : *Tant mieux! nos anciens ennemis en souffrent au
moins autant, et nous ne sommes sensibles qu'à la joie de les
voir écrasés.* Cette abnégation est au-dessus de nos forces ;
cet héroïsme nous dépasse. Sans doute nous désirons que
nos ennemis soient mis hors d'état de nous nuire ; mais
nous ne voudrions pas pousser la haine jusqu'à l'injustice
et à l'idée fixe, et nous serions bien affligé si notre église,
entraînée par ce sentiment, perdait une chose essentielle,
qui se retrouve chez tous les êtres même les plus infimes,

du moins à l'état sain : *l'instinct de conservation*. Déjà il nous semble qu'il n'est pas trop vivace chez elle.

P. S. — Dans sa session d'août (1881) le conseil général du Rhône a adopté des vœux politiques. En voici un : Vœu en faveur de la liberté d'association sauf pour le clergé régulier et séculier. — Parlerons-nous du congrès des libres-penseurs qui a commencé ses séances le 18 septembre à Paris? Hélas! Hélas!

Depuis que ces lignes ont été tracées, que de faits sont venus justifier nos craintes! Nous pourrions parler des efforts pour corrompre la jeunesse (fête donnée par les athées aux enfants de Paris, 2 juillet 1882). Mais pour nous en tenir à ce qui est officiel, mentionnons l'affaire Paquet. Ce caporal a été sévèrement puni, non par ses chefs seulement, mais par le ministre de la guerre, le général Farre, pour avoir refusé d'accomplir des actes religieux que sa conscience protestante réprouvait absolument. Il a été condamné à un mois (tout au moins vingt jours) de pénibles corvées auxquelles il a dû se soumettre presque jusqu'au bout. — La loi scolaire, accueillie d'abord avec tant de faveur parmi nous, mais qui nous a toujours paru très funeste, n'a pas tardé à porter ses tristes fruits. Beaucoup d'instituteurs protestants, très dignes et capables ont été comme destitués. Leurs positions ont été détruites et ils ont dû accepter des postes subalternes. Plus on ira, plus on constatera ce qu'il n'était pas pourtant bien difficile de prévoir, qu'une pareille loi est nécessairement désastreuse pour une minorité comme la nôtre.

Que se passe-t-il d'ailleurs dans les hautes régions du pouvoir? La Chambre des députés refuse impitoyablement aux protestants la maigre allocation maintenue jusqu'ici par tous les gouvernements, pour création de places nouvelles de pasteur, condamnant ainsi un bon nombre de groupes protestants à souffrir dans l'isolement ou à disparaître en se fondant dans la masse catholique. — Cette même chambre a vu paraître des projets de loi effrayants, insensés, qui montrent combien le sens moral s'affaisse, combien la liberté est menacée en même temps que la religion; et ces projets dont l'indignation générale aurait dû faire prompte justice, ont été accueillis, pris en considération. Ils peuvent se résumer ainsi :

Art. 1er. — *Tous les cultes sont libres.*

Art. 2. — *Tous les cultes chrétiens sont rendus impossibles par des vexations et spoliations systématiques et continuelles.* En effet, le projet Waldeck-Rousseau tend à interdire toute association religieuse. Le projet Roche ne demande rien de moins que la confiscation de tous les biens ecclésiastiques. Et qu'on y fasse attention, il ne s'agit pas des congrégations non autorisées, ou même autorisées ; ce qui est en question ce sont les biens des corps constitués, reconnus et salariés par l'état, des consistoires et des conseils presbytéraux; et même on peut craindre pour toutes les fondations qui, sans attache ecclésiastique, ont une couleur religieuse. On nous a dit du reste des choses précises à ce sujet. Verrons-nous un jour les établissements John Bost, par exemple, confisqués par l'État sous prétexte qu'on y prêche des supertitions d'un autre âge, et qu'il faut *laïciser* (selon le mot à la mode) ces foyers d'erreurs auxquels la présence d'un pasteur donne plus d'éclat et d'efficacité? On étonnerait aujourd'hui si on posait pareille question. Mais demain? N'a-t-on pas dit qu'en France tout arrive? Ne voyons-nous pas les masses suivre à l'aveugle certains meneurs, et justement de préférence les plus démolisseurs, les plus impies?

De son côté, le Conseil d'Etat n'a-t-il pas pris des mesures souverainement iniques et arbitraires? N'a-t-il pas travaillé à interdire à l'Eglise, à l'Eglise réformée bien entendu, de remplir des fonctions regardées jusqu'ici par tout le monde comme essentielles : le soin des pauvres et l'éducation de la jeunesse? On se souvient en effet des déplorables arrêts qui annulent les legs destinés à faire fonder des écoles protestantes, et confisquent au profit des Bureaux de bienfaisance les legs en faveur des pauvres. Remarquons à ce sujet que le Conseil d'Etat de Louis XIV, alors qu'on ne parlait pas de bureaux de bienfaisance, aux approches de la date fatale, avant la révocation de l'Edit de Nantes, confisquait les biens des consistoires au profit des hôpitaux. Notre Conseil d'Etat, se moquant de l'usage, des traditions, des convenances, et même du dictionnaire, a décidé que les *aumônes* que les consistoires doivent administrer, d'après la loi concordataire de 1802, ne désignent que les dons faits pour le culte! Il est vrai que par de complaisants arrêts, il rend des faveurs à l'incrédulité protestante et au déloyal parti qui la représente avec tant d'impudence. Il a sanctionné la fameuse circulaire du 50 août 1880 qui constitue une véritable et éclatante persécution contre la foi chrétienne. Par le plus criant abus de pouvoir, le ministère fait comme si celle-ci n'existait même pas, et au fond il décide, en dépit du bon sens et de la logique, en dépit des synodes, que ceux qui nient et détruisent de toutes leurs forces cette foi dont vit l'Eglise, ont hautement le droit de la gouverner par leur vote. Et puis pour favoriser les intrigues de ce parti de la négation et de l'impiété, Conseil d'Etat et Ministère n'ont pas craint de fausser les lois et les règlements, de violer les saines traditions en brisant brutalement l'Eglise de Paris pour permettre à ses ennemis d'en ramasser quelque débris, et cela même sans avoir la pudeur de déguiser l'iniquité de cette mesure en l'étendant aux grandes villes de France, tant il est vrai qu'il n'y a là-dessous qu'une manœuvre de parti.

Parlerons-nous de nos facultés de théologie menacées? et de ce projet sur le service militaire, si propre à entraver le recrutement du corps pastoral, et qui, sous prétexte d'égalité, tend à constituer contre nous une odieuse iniquité? Hélas! il se trouve des protestants qui ne comprennent pas que ce service universel, d'ailleurs impossible à réaliser pleinement, aurait pour résultat fatal de faire courir aux futurs pasteurs des dangers moraux infinis, et pourrait compromettre les vraies et sincères vocations encore plus que les fausses!

Du reste chaque jour, pour ainsi dire, voit se produire quelque nouveau scandale qui porte le trouble et l'alarme dans les âmes sérieuses. On sait, par exemple, quels discours blasphématoires ont été proférés devant la jeunesse des écoles communales assemblée pour des distributions de prix (en août 1882), ce dont les républicains honnêtes ont été indignés. Il s'en est trouvé pour flétrir, comme elles le méritent, ces lâches et déloyales attaques contre toute espèce de religion, commises par des conseillers municipaux abusant de leur position, et sachant qu'on ne leur répondrait pas. Qu'ils s'étonnent ceux qui, dans leur naïveté, ont cru à la neutralité des écoles laïques, à leur respect pour les croyances les plus indispensables et les plus sacrées. Paris, dont la masse corrompue se croit la lumière du monde, nous montre, par la majorité de son Conseil municipal, qu'il s'agit bien d'inoculer à l'enfance, à la jeunesse, le virus de l'impiété. Ses représentants officiels, se moquant de toute convenance, en sont venus à ce degré suprême d'impudence. Qu'on ne l'oublie pas du reste, il ne s'agit pas d'un fait isolé. L'athéisme nous déborde de partout.

Le sourire du facile et frivole optimisme s'efface; on cesse de le croire spirituel. L'inquiétude gagne les esprits; l'avenir apparaît sombre et menaçant. Et pourtant, dans leur ensemble, nos protestants ont été les fermes soutiens, les ardents défenseurs de la République, et l'on a même soutenu que sans eux elle ne se serait pas établie !

Et, ce qui n'est pas moins triste et déplorable, c'est le fatal aveuglement d'utopistes incurables que les faits n'éclairent nullement, que l'évidence pervertit, et qui prenant leurs rêves pour la réalité, vont et mènent aux abimes, croyant aller à la gloire.

Que Dieu nous garde ! Qu'il sauve son Eglise à travers les orages qui l'attendent encore ! En tout cas, pour nous personnellement, nous ne sommes point du nombre de ceux qui, par leurs regrettables imprudences, ont contribué à faire venir sur elle des malheurs redoutables. Nous avons souffert pour elle, et plus que nous ne pouvons dire; mais elle n'aura pas à souffrir par notre faute.

Septembre 1882.

MONTAUBAN. — IMPRIMERIE E. CARRÈRE, BOULEVARD DE LA CITADELLE

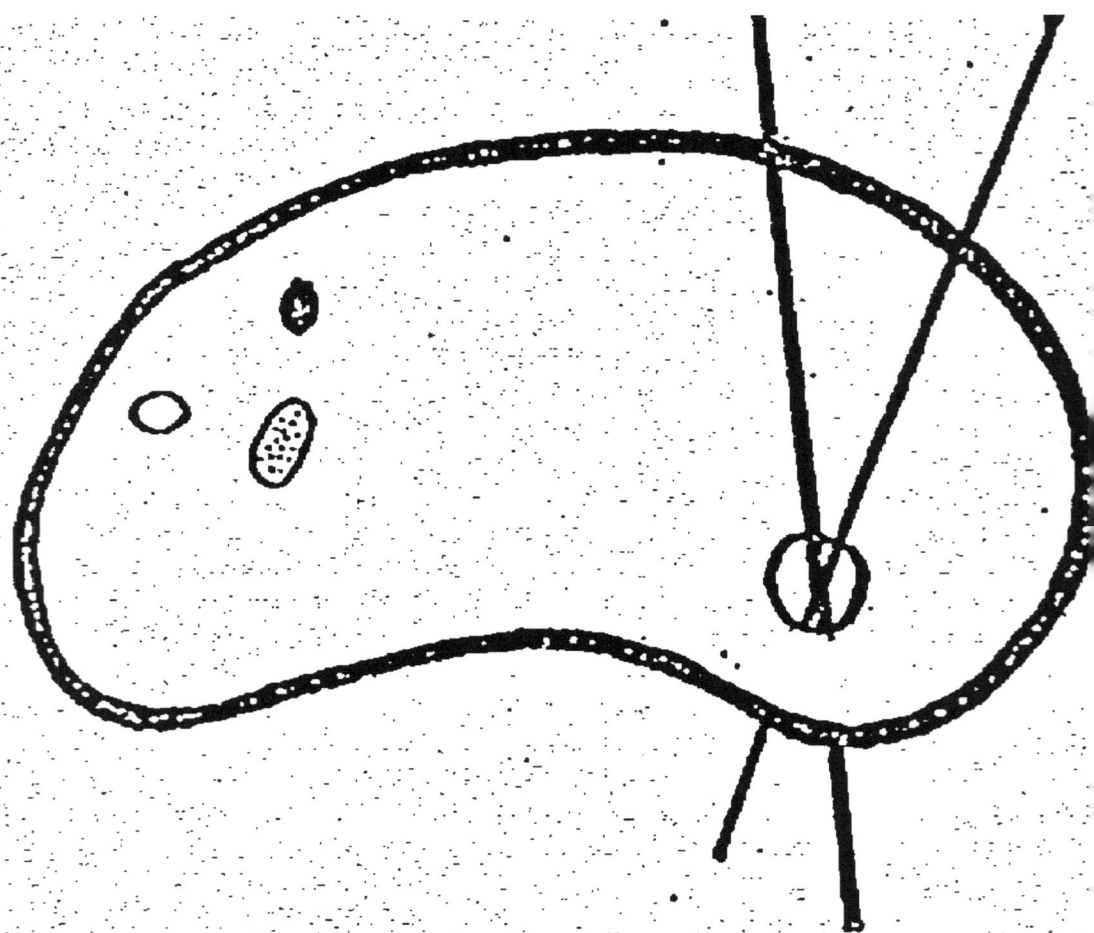

www.ingramcontent.com/pod-product-compliance
Lightning Source LLC
Chambersburg PA
CBHW060635100426

42744CB00008B/1637